中國傳統

佛菩薩畫像

珍藏版

上

編繪 釋心德

文物出版社

畫家簡介

釋心德，字昌元，俗名姚元貴。1964年生於山東鉅野。1984年隨上佛下庵法師在濟南千佛山出家。同年到蘇州靈巖山學習，1986年考入北京中國佛學院，隨著名工筆人物畫家線鶴汀先生學習工筆人物，并臨摹了大量的傳統名畫。1990年畢業後專攻佛菩薩畫像。1992年在青島舉辦個人畫展。1994年受到深圳弘法寺上本下煥大和尚約請，爲弘法寺畫大型水陸畫。1997年在深圳博物館舉辦《百幅觀音寶相》個人展，同時出版《觀音寶相》畫册。2004年再次於深圳博物館舉辦《諸佛菩薩聖像大觀》大型畫展。

現任山東省藝術美學研究會常務理事，北京工筆重彩畫會會員，中國人才研究會藝術家學部委員。曾任深圳市政協第四届常委，深圳市佛教協會副秘書長，深圳弘法寺堂主等。

序　言

佛陀聖像的形成與發展

人類藝術之最高峰，是透過絶對的無我境界，而融化於宇宙間的一種無言的緘默，這種超於物我的理念，唯有宗教與藝術的陶融，才能説出一點人類精神的真實。佛教藝術是由自心覺悟，而用各種方法顯示出來，使他人得到同樣的體悟。

人生以宗教的時間是最純净的，以宗教的空間是最莊嚴的，二者融攝，置身其中，實爲一大和諧的境地。佛教是以殿堂、佛像、寺院、佛塔等藝術創作來提供觀想力，藉以感通其宗教精神。

殿堂是佛教禮佛誦經、修建法會的地方，不同之殿堂，供奉着不同之主尊，尊像的莊嚴以含藏悲智的神韵，方爲藝術完美創作。佛教徒藉此創作之聖像，從肅然禮敬中，内心忘却世塵，呈現出一種純净的心境，漸漸進入“能體所體性空寂，感應道交難思議”的不可思議的境界。

“佛法在世間，不離世間覺。”爲了使佛法能融入俗世家庭，小的供像（包括雕、塑、畫）便不斷出現。由於不同的人對不同的物質感受有異，因此藝術家、畫家利用各種物質，諸如玉、銅、木、陶、金、紙、絹、布、墻等，本其教義創作出各種聖像造型，令人因觀像而生敬仰之心，無意中融化爲高尚情懷，當較冗長文字，别具影響的特色。

人處於有漏的世間，常常希望以一種永恒不變的物質，來雕繪出代表完美至善的佛菩薩像。石——正具備了堅固、恒久不壞的特質，因此宗教藝術家往往選擇石作爲創作的材料，同時佛教徒希望佛菩薩常住世間，因而在各地大量開鑿出石窟。又因敬仰佛陀的體性廣大無邊，故有鉅型石像的創作。

中國寺院多建於名山大川，所謂“天下名山僧占多”，因爲寺院是進行宗教活動的場地，所以必須選取幽清寧静的環境，以美化人心，使其有“一經入佛寺，皆以成佛道”之感。寺院古建築多取材於天然的木和石作爲結構物質，以透視出對本然生命的安頓。而於叢林寺廟的布局，却是依據了“勤修戒定慧，皈依佛法僧”的教義而建成。不同宗派，其寺院之設計亦略有差異，此無非助其宗教生活的提昇。

佛塔是佛陀之法身舍利，象征着崇高人格精神的完成，也是佛教藝術之母。在中國佛塔建築多高聳雲霄，而内部則可供人層層上進，四顧外望——代表着佛法修行的漸進，同時可遍觀十方大地一切蒼生，充分表現出大乘佛教的自利、利他精神。

佛教繪畫是通融并建立在以上諸藝術的綜合，它是藝術的昇華，人格、道德修養的重要體現，使人們能通過形體的引導而昇華到忘我境界，也是引發人們逐步了解自我，完善自我，徹悟無我的重要途徑。

據《增壹阿含經》卷二八，聽法品中載有：“釋尊成道後昇三十三天爲母説法日久，地上的信徒們思慕仰渴釋尊，就連那烏陀延那王（優填王）也十分思念釋尊，所以他就用牛頭栴檀木造像，以示釋尊。”這也就是較普遍認爲優填王造像最早的記載。同時還有波斯匿王造金像的叙述。

五世紀我國遍游印度的法顯法師在《法顯傳》中，七世紀的玄奘法師在《大唐西域記》中，皆詳載此事。有同樣記載的還有《大方便佛報恩經》卷三、《佛三昧海經》、《大乘造像功德經》等書，也相繼記載了優填王和波斯匿王造像的經過，并愈後愈詳。對於以上這些書所記載的事例，我們後代在没有物證的情况下，就成了比較權威的依據，也得到了

1. 華嚴三聖　160 厘米 × 90 厘米

2. 華嚴三聖之一　釋迦牟尼佛　135厘米×65厘米

3. 華嚴三聖之二 文殊師利菩薩 135厘米 × 70厘米

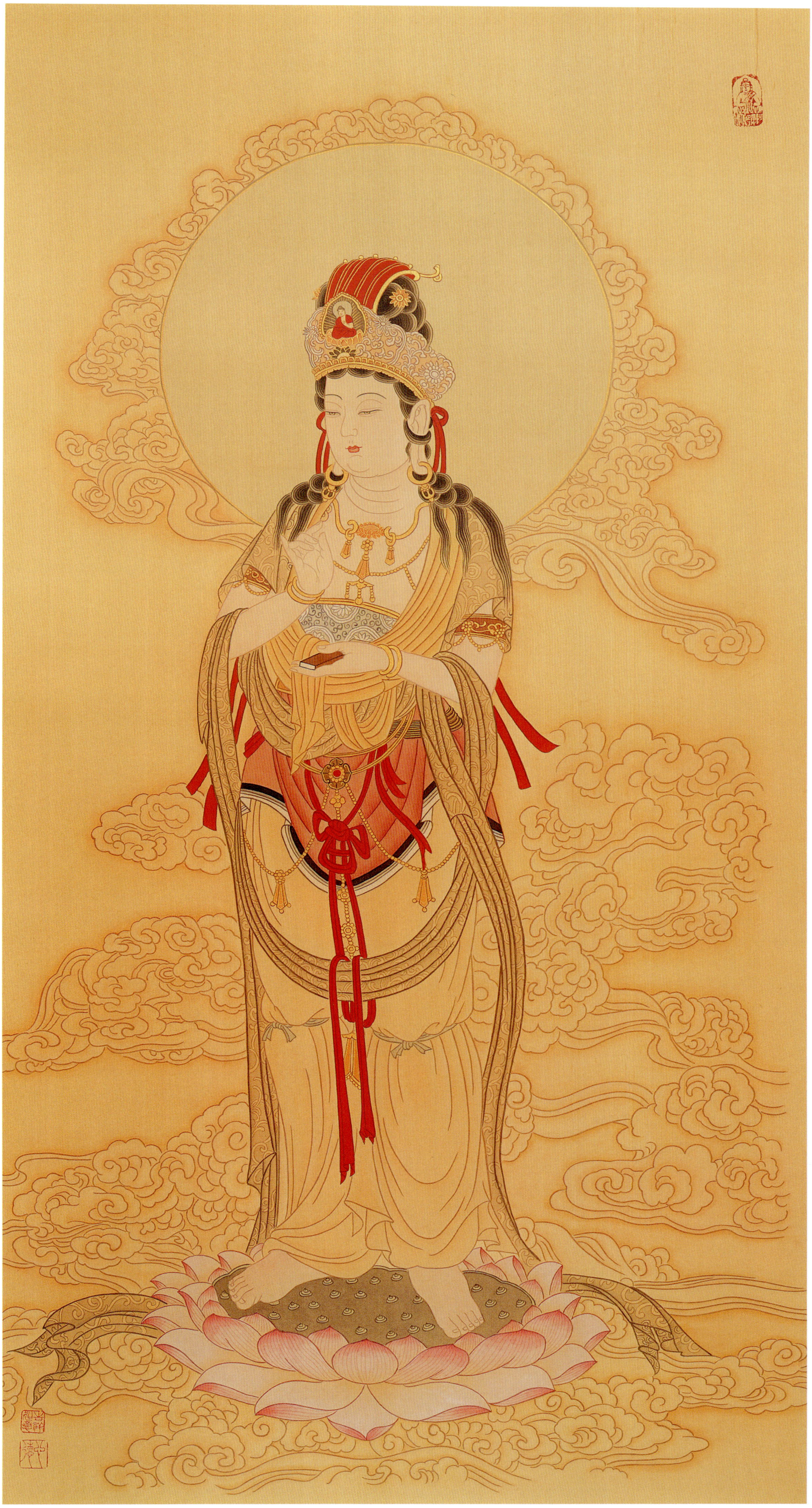

4. 華嚴三聖之三　普賢菩薩　135厘米 × 65厘米

二、釋迦三尊

在古代，釋迦三尊有一定形式，即釋迦佛與阿難、迦葉二聲聞弟子，後來又有稱釋迦佛與文殊、普賢爲釋迦三尊者。

阿難，佛陀的十大弟子之一。全名阿難陀，意譯爲歡喜、慶喜、無染。是佛的堂弟，出家後二十年爲佛的常隨弟子，善記憶，對於佛陀所説之法，多能朗朗記誦，故譽爲多聞第一。阿難天生容貌端正，面如滿月，故雖已出家，却屢遭婦女之誘惑，然阿難志操堅固，終得保全梵行。於佛陀生前未能開悟，佛陀入滅時悲而慟哭；後受摩訶迦葉教誡，發憤用功而開悟。於首次結集經典會中被選爲誦出經文者，對於經法之傳持，功績極大。初時佛陀之姨母摩訶波闍波提欲入教團，是阿難從中斡旋，終蒙佛陀許可，對比丘尼教團之成立功勞至鉅。

迦葉，全名大迦葉，摩訶迦葉。又作迦葉波、迦攝波，意爲飲光。爲佛十大弟子之一。付正法眼藏爲第一祖。生於王舍城近郊之婆羅門家。於佛成道後第三年爲佛弟子，八日後即證阿羅漢境地，爲佛弟子中最無執着之念者。人格清廉，深受佛陀信賴，於佛弟子中曾受佛陀分予半座。佛陀入滅後，成爲教團之統率者，於王舍城召集第一次經典結集。直至阿難爲法之繼承者，始於鷄足山入定，以待彌勒出世，方行涅槃。

5. 釋迦三尊圖　140厘米×80厘米

三、釋迦牟尼佛

“釋迦”是古印度迦毗羅衛國一個種族的名稱，“牟尼”是梵語，是寂默或智者、仙人的意思。“釋迦牟尼”，就是説釋迦族的聖者。釋迦兩字當能仁講，表示佛心慈悲廣大，牟尼兩字作寂默講，表示他深具智慧。

釋迦牟尼佛是印度迦毗羅衛國的太子，父名首頭檀那，譯爲凈飯王，母爲摩訶摩耶。釋迦牟尼在四月初八日，誕生於藍毗尼園的無憂樹下，從摩耶夫人右肋降生，生下後天降香花，九龍吐水爲太子沐浴。據説太子生下後即能行走，并一步一朵蓮花，行走七步説:“天上天下唯我獨尊”。他在幼童時，取名爲悉達多。他天資聰慧，精通百般學術技藝，其非凡的才能，在當時已名聞天下。成年後娶鄰國拘利城，善覺王之女耶輸陀羅公主爲妻，生一子名羅睺羅。

有一次太子同侍臣盛裝出城郊游時，目睹老、病、死等狀况，深感人生的苦痛與無常。爲此事他晝思夜想，竟至廢寢忘食，遂决心於二十九歲出家，獨至於深林静處，一意修行。先後到南方的毗舍離、摩揭陀國等訪問當時最聞名的蓮華仙人、跋伽仙人、阿藍伽藍仙人等，請教關於老、病、死的苦惱疑惑，前後達六年之久，均得不到什么要領。

徒勞身心，仍毫無所得，遂改變方法，先到尼連禪河洗净身軀，又接受牧女的供養，恢復體力後；即到伽耶村畢鉢羅樹下，結跏趺坐下，發誓:“不成正覺，誓不起此坐”。終於排除世間一切障礙誘惑，直到一天黎明時，東方出現了一顆燦爛的明星，而廓然大徹大悟，此時太子剛好三十五歲。

成道之後，釋尊先到波羅奈城的鹿野苑，去度憍陳如等五比丘；又到王舍城，途中巧遇三迦葉等，因此釋迦的聲譽，便普震全印度了。後來在王舍城，又度摩揭陀國的婆娑羅王、舍利弗、目犍連等。三年後，回故鄉度其父王、異母弟阿難、表兄弟難陀及其子羅睺羅等親屬，逐步成立了釋迦的教團；以後他常在恒河兩岸的摩揭陀國、橋薩羅國及毗舍離國間來往説法度衆，從無間斷。直到八十歲時，在北方拘尸那揭羅城外，跋提河畔的娑羅雙樹下，頭北面西而卧，諸弟子均趨前恭聽遺誡至午夜而寂然入涅槃。後世各佛寺内所見的涅槃像，就是爲了紀念當時的情形而作的。

有關世尊形象，根據密宗兩部曼荼羅，其胎藏界以釋尊爲主，金剛界則與不空成就如來并立。《大日經疏》説:“釋迦牟尼，全身呈金色，具光三十二相，披乾陀色袈裟，坐於白蓮上，作説法狀。”《金剛一乘修行儀軌》説:“若欲報世間之恩德，可畫釋迦牟尼像於曼荼羅中央，全身金色，具四十八相，身披袈裟，智手作吉祥印，理手向上置於臍前，結跏趺坐坐於白蓮臺上。”

10. 釋迦牟尼佛之五 169厘米 × 91厘米

11. 釋迦牟尼佛之六　161厘米×83厘米

四、靈山法會圖

靈山，原名靈鷲山，音譯者闍崛山，位於中印度摩揭陀國王舍城東北。簡稱靈山。其山名之由來，一說是因山頂的形狀類似於鷲鳥，另一説是因山頂住有很多兀鷲而成名。

其山頂有説法臺，有佛陀與舍利佛等聲聞入定之石室，阿難遭受魔王嬈亂之處，佛陀宣説《法華經》《大品般若經》《金光明最勝王經》《無量壽經》等處。另據《大梵天王問佛决疑經》載："釋迦牟尼昔日在法會上，手拈一花示衆迦葉見之破顔微笑，世尊咐囑正法眼藏。"

這幅靈山法會圖，是根據南京金陵刻經處所藏明代版畫而繪成，因原圖没有着色，今經加工着色而成此圖。該圖場面規模宏大，人物衆多，布局嚴謹；上有天女散花，下有獅象山景襯托；釋迦佛自然安詳，其它人物亦千姿百態，樹木均枝葉繁茂，給人一種舒適自然的美感。

六、文殊菩薩

文殊菩薩，梵名爲文殊師利或曼殊室利，譯爲妙吉祥、妙音、普音、濡首或敬首等。與普賢菩薩同爲釋尊脅侍，專掌智慧門，在諸菩薩中，號稱智慧第一。

據《文殊室利般涅槃經》記載：文殊生於古印度舍衛國的一個婆羅門家庭。後隨釋迦佛出家。釋迦滅度後，他來到雲山，爲五百仙人解釋十二部經。最後又回到出生地，在尼拘陀樹下結跏趺坐，入於涅槃。又據《文殊師利法寶藏陀羅尼經》講：釋迦牟尼佛曾告訴金剛密迹主菩薩，在南瞻部洲東北方有一個叫大振那的國家，國中有一座大山，山有五峰，稱爲五頂山。釋迦佛圓寂後，文殊菩薩將以童子形游行於此，在山中居住，爲衆生宣説佛法。中國佛教認爲山西五臺山就是佛經中所説的"大振那"國的五頂山，因此以五臺山爲文殊菩薩的説法道場而成了佛教的聖地。

又據《新華嚴經》卷十二《如來名號品》載："過東方十佛刹微塵數之世界，有一金色世界，其佛號爲不動智，此世界之菩薩，即文殊師利"。華嚴宗稱東方清凉山爲其住處，而以我國山西五臺山（清凉山）爲其道場。

文殊菩薩之造像以騎青獅爲特征外，於密教胎藏界曼荼羅中臺八葉院中，呈金色童子形，頭有五髻；左手捧青蓮花，上立五股杵、右手持梵篋。密號吉祥金剛，三昧耶形爲青蓮華上金剛杵。胎藏界曼荼羅另設文殊院，以文殊菩薩爲中尊，又稱五髻文殊，密號吉祥金剛、般若金剛。三昧耶形爲青蓮上三股杵或梵篋。形象爲童子形，身呈紫金色，頂有五髻；右手仰掌，指端向右，左手執青蓮華，上立三股杵。由其真言字數之不同，有一字文殊、五字文殊、六字文殊、八字文殊等區别。

最爲常見的文殊菩薩像，多爲頭戴五髻寶冠的童子形。五髻表内五智（法界體性智、大圓鏡智、平等性智、妙觀察智、成所作智），童子形則喻天真純潔。左手執青蓮花，花上放般若經篋，表般若之智一塵不染。右手執寶劍，以金剛寶劍能斬群魔，比喻大智慧好像一把鋒利的寶劍，能斷一切無明煩惱。身坐白蓮臺，表示清净。但大部分文殊菩薩都是身騎獅子，以獅子勇猛，表示菩薩智慧威猛。

14. 文殊菩薩之一　85厘米 × 40厘米

15. 文殊菩薩之二　110厘米×65厘米

16. 文殊菩薩之三　105 厘米 × 60 厘米

17. 文殊菩薩之四　144厘米×92厘米

七、普賢菩薩

普賢菩薩，梵名爲三曼多跋陀羅，譯作普賢，或遍吉，密號爲真如金剛。常居伏惑道之頂上，普是遍一切處義，賢是最妙善義，謂菩提心所起信願行及身口意，悉皆平等遍一切處。

據《妙法蓮華經·普賢勸發品》說：當佛入滅後，若有人信奉念誦法華經者，普賢菩薩將與諸大菩薩一起出現在此人面前，守護其人，使他身心安穩，不受諸煩惱魔障之侵。而《華嚴經》則說，有善財童子發大心，一心求菩薩道，後來在文殊菩薩啓發下，南行參訪各大善知識。最後到普賢菩薩處，普賢菩薩爲他講普賢十大願行："（1）禮敬諸佛。（2）稱讚如來。（3）廣修供養。（4）懺悔業障。（5）隨喜功德。（6）請轉法輪。（7）請佛住世。（8）常隨佛學。（9）恒順衆生。（10）普皆迴向。"若能將此十種行願不斷實踐力行，則可完成普賢菩薩之諸行願海。人命終時得此願王引導，往生阿彌陀佛極樂世界。然此十大願爲一切菩薩行願之標幟，故亦稱普賢之願海。以此菩薩的廣大行願，一般稱爲大行普賢菩薩。

在密教中，普賢菩薩與金剛薩埵同體，列於金胎兩部曼荼羅中，是爲密教普賢。金剛界曼荼羅中，爲賢劫十六尊之一，安置於北方四菩薩最下位，密號攝普金剛。形象依各會之不同而有别，微細會左手握拳按腰，右手執利劍。供養以二手執蓮繪於胸前，蓮花上有利劍。胎藏界曼荼羅中，列於中臺八葉院之東南隅，身呈白肉色，戴五佛寶冠，左手以拇指、食指、小指，密號"真如金剛"。此外，尚有普賢延命爲本尊之修法，稱普賢延命法。

中國佛教以四川峨嵋山爲普賢菩薩説法道場。晋代有惠持和尚從廬山入蜀，在此修建普賢寺，是峨嵋山供奉普賢菩薩之始。北宋年間，峨嵋山又鑄建頭戴五佛金冠，手持如意結跏趺坐於象背的蓮臺上的普賢菩薩銅像一尊，像重達六十二噸，是佛教藝術珍品。

在佛教寺院中，普賢菩薩像一般都是作爲釋迦牟尼的脅侍菩薩，與文殊菩薩一起被供奉在釋迦佛像的左右，單獨供的不太多。普賢像大多是頭戴寶冠，身穿菩薩裝，坐於六牙白象上，這種像在我國的敦煌壁畫和寺院雕塑中都可以看到。

18. 普賢菩薩之一　135厘米 × 70厘米

19. 普賢菩薩之二　85厘米 × 40厘米

20. 普賢菩薩之三　105 厘米 × 65 厘米

21. 普賢菩薩之四　127厘米 × 77厘米

22. 普賢菩薩之五　140 厘米 × 92 厘米

23. 普賢菩薩之六　65 厘米 × 45 厘米

八、西方三聖

亦稱彌陀三尊；阿彌陀佛的菩薩眷屬，最普遍常見的即觀音與大勢至兩位大士。他們追隨阿彌陀佛，在極樂世界教化衆生；也在娑婆世界中，大悲救度一切衆生，并且輔翼彌陀，讓衆生能清净發願往生極樂净土；在臨命終時，他們亦會前來接引净土行人。而且根據《佛説觀無量壽佛經》云："阿彌陀佛神通如意，於十方國變現自在，或現大身滿虛空中，或現小身丈六八尺。"所以便有彌陀觀音同體的説法。

阿彌陀佛及其脅侍觀音及大勢至，一般稱之爲西方三聖。如在《佛説觀無量壽佛經》中所説："無量壽佛住立空中，觀世音，大勢至是二大士，侍立左右，光明熾盛，不可具見，百千閻浮檀金色，不得爲比。"

關於這兩位脅侍菩薩的方位，一般以觀音菩薩在阿彌陀佛的左方，大勢至菩薩則在阿彌陀佛的右方。但在梵文《法華經普門品》的頌文中，則説觀音在阿彌陀佛的右方或左方。而《十一面觀自在菩薩心密言念誦儀軌》卷中及《阿利多羅陀羅尼阿嚕力經》則説右方是觀音菩薩，左方是大勢至菩薩。《佛説觀無量壽佛經》及《不空羂索神變真言經》，則説阿彌陀佛的左邊有一大蓮花，觀音菩薩坐於其上，阿彌陀佛右邊的蓮花坐大勢至菩薩。這是因爲觀音爲大悲的代表，即下化衆生之意，所以置於左方；而大勢至菩薩代表大智，意爲上求菩提，所以安於右方。

關於二脅侍的形象，觀音菩薩的寶冠中有化佛，大勢至菩薩的寶冠中有寶瓶。自古以來，一般是作觀音菩薩兩手持蓮臺，而大勢至菩薩雙手合掌。

24. 西方三聖之一　105 厘米 × 95 厘米

25. 西方三聖之二　90 厘米 × 130 厘米

26. 西方三聖之一 阿彌陀佛 120厘米×55厘米

27.西方三聖之二　觀世音菩薩　120厘米×55厘米

28. 西方三聖之三　大勢至菩薩　120厘米 × 55厘米

29. 西方三聖之一　阿彌陀佛　175厘米×84厘米

30. 西方三聖之二　觀世音菩薩　170厘米×82厘米

31. 西方三聖之三　大勢至菩薩　158厘米×78厘米

九、阿彌陀佛

阿彌陀佛是阿彌陀婆的簡稱，譯爲無量光、無量壽。依《佛説無量壽經》説：阿彌陀佛是世自在王佛時的一個國王。出家之後，稱法藏比丘，他見過二百一十億的佛土，熟知諸佛之净土，攝取了其中的精華；再經過五劫的思維後，發起了四十八個大誓願，建立極樂净土，以度衆生。他爲了要實現其誓願，不知經過了多久的修行，才把它實現，成佛至今已有十劫。他在西方建立了一個莊嚴的極樂净土，現在還在那邊説法，以其光明無量及壽命無量爲覺體，超度衆生。

《佛説觀無量壽佛經》又説：極樂世界分上中下三階段，其中又分上中下三區分，而成九品。在我國信奉阿彌陀佛的人最多，其形象亦有多種，在觀自在王修行的法内説：結三摩地印，二手向上交叉。又《攝真實經》内説：二手各舒五指，貼放在臍前，左手在下，右手在上，作法界定印。

此外，在曼陀羅内所見的妙觀察智定印，身披丹光袈裟，結跏趺坐，坐於寶蓮華上。其它尚有紅色裝的紅頗梨彌陀、寶冠彌陀或螺髮亂彌陀、五劫思惟彌陀及瑜伽大教王經的三面六臂彌陀等，異像很多。

阿彌陀佛普通以觀音、大勢至二菩薩爲脅侍。另外有一種阿彌陀佛與二十五菩薩來迎接念佛之行者，臨終時，此如來與二十五菩薩即前來迎接。

另據《大日經疏》説：應在西方觀無量壽佛，此即爲如來方便智，因爲衆生界乃無盡止的，所以諸佛的大悲方便亦無盡止，故名大無量壽。關於此佛的相好，在《佛説觀無量壽佛經》説：無量壽佛之身，如百千萬億夜摩天閻浮檀金色，佛身高六十萬億那由他恒河沙由旬；眉間白毫右旋宛轉，毫相大小猶如五倍須彌山之高廣；佛眼清白分明，眼之大小猶如四倍大海水之縱廣；全身毛孔均呈光明，圓光如百億三千大千世界；圓光中有百萬億那由他恒河沙化佛，一一化佛有衆多無數化菩薩爲侍者；無量壽佛有八萬四千相，一一相有八萬四千隨形好，一一好有八萬四千光明，一一光明照十方世界。凡念佛衆生，均爲其攝取，而其光明、相好及化佛，實多不可計。由此可知阿彌陀佛的雄大無比。

32. 阿彌陀佛之一　105厘米×55厘米

33. 阿彌陀佛之二　135厘米×70厘米

34. 阿彌陀佛之三　198厘米×115厘米

35. 阿彌陀佛之四　165厘米×83厘米

36. 西方接引圖　165厘米×92厘米

十、大勢至菩薩

大勢至菩薩在西方極樂世界，是阿彌陀佛之脅侍，與觀音菩薩同爲净土三尊之一，自古以來，信奉此尊的人很多。其梵名爲摩訶薩馱摩鉢羅鉢跢，譯作大精進、得大勢、或大勢至等，簡稱勢至，密號爲“持輪金剛”。與掌理慈悲門的阿彌陀佛左脅侍觀音相對，此尊係掌理智慧門。他以其獨特的智慧光，能普照一切衆生，永離三途八難之苦，故稱爲大勢至。此尊的威力極大，舉一足，不但三千大千世界，就連魔宫殿均爲之震動。

《大日經疏》説："如世國王大臣威勢自在之位故，以爲名。所以持未敷蓮花者，如毗盧遮那實智花臺即成果已，復持如是種子，普散一切衆生心中，更生未敷蓮花，此尊皆同是處，亦能善護一切衆生潛萌之善，使不敗傷念念增長。”以次顯彰其功德。

關於此尊在西方極樂世界爲阿彌陀佛的脅侍時，其相好在《佛説觀無量壽佛經》内曰："此菩薩身量大小，如觀音菩薩相同，圓光面各有一百二十五由旬，照二百五十由旬；舉身光明，照十方國，作紫金色；有緣衆生，悉皆得見；但見此菩薩一毛孔之光，即見十方無量諸佛净妙光明，是故號此菩薩，名無邊光。以智慧光普照一切，令離三途，得無上力，是故號此菩薩，名大勢至。此菩薩天冠，有五百寶華，一一寶華又有五百寶臺，每一寶臺皆現十方諸佛之净妙國土出廣長舌之相；頂上肉髻，如鉢頭摩華，於肉髻上，有一寶瓶，盛諸光明，普現佛事，餘諸身相，如觀世音，相差無幾。”由此可知，在西方極樂世界，此尊與觀世音菩薩雖極相似，其唯一不同的是：觀世音菩薩的寶冠中現化佛，而大勢至菩薩的寶冠中，則現寶瓶。

37. 大勢至菩薩之一　124厘米×70厘米

38. 大勢至菩薩之二　169 厘米 × 90 厘米

十一、東方藥師三聖

藥師佛與日光、月光菩薩合稱藥師三聖，又稱東方藥師三尊。中尊藥師琉璃光如來，左脅侍爲日光菩薩，右脅侍爲月光菩薩。

在過去世界有電光如來出世，説三乘法度衆生。當時有一梵士見世界濁亂而發菩提心，要教化世界諸苦衆生。因爲他特别發願利益重病衆生，所以電光如來改其名號爲醫王。他的兩個孩子也發起大願，能照破一切衆生生死黑暗，所以長子名爲日照，次子名爲月照。而那時的醫王，即爲東方藥師如來，二子即爲二大菩薩——日光遍照菩薩、月光遍照菩薩。

日光菩薩，又稱作日曜菩薩、日光遍照菩薩。其身呈赤紅色，左掌安日輪，右手執蔓朱赤花。

月光菩薩，又稱月净菩薩、月光遍照菩薩。其身呈白色，乘於鵝座，手持月輪。以日光、月光代表了一切清净的光明，一切法性的光明，一切救度的光明，顯示了藥師佛要使衆生達到成佛境界所現起的方便。這些是來自諸佛的四弘誓願，是諸佛的大勢願望，是一切諸佛的悲心。諸佛的悲心，顯現在此特殊因緣，相應於衆生病苦的因緣，特别顯示藥師佛來救度，使衆生在痛苦的境地中，直接翻轉，成證如來。

39. 藥師三聖之一　藥師佛　135厘米 × 70厘米

40. 藥師三聖之二　日光菩薩　130厘米×65厘米

41. 藥師三聖之三　月光菩薩　135厘米×70厘米

十二、藥師佛

此佛梵名爲鞞殺社窶嚕，譯作藥師琉璃光如來，或大醫王佛。他在須彌山的東方建立了一個世界，其净土的名稱叫琉璃光土，或稱東方净琉璃世界。

在隋朝的時候，達摩笈多所翻譯的《藥師如來本願功德經》中有一節說："佛告曼殊師利，去此東方，過十殑伽沙佛土，有世界名净琉璃，佛號藥師琉璃光如來，原行菩薩道時，發十二大願，令諸有情，皆得所求。"此十二大願爲：⑴自他身光明熾盛之願。⑵威德巍巍開曉衆生之願。⑶使衆生飽滿所欲而無乏少之願。⑷使一切衆生安立大乘之願。⑸使一切衆生行梵行，具三聚戒之願。⑹使一切不具者諸根完具之願。⑺除一切衆生衆病，令身心安樂，證得無上菩提之願。⑻轉女成男之願。⑼使諸有情解脱天魔外道纏縛，邪思惡見稠林，引攝正見之願。⑽使衆生解脱惡王劫賊等横難之願。⑾使饑渴衆生得上食之願。⑿使貧乏無衣服者，得妙衣之願。

藥師如來，别名爲大醫王佛。供奉此佛的目的，在於醫治百病，謀現世的福利。我國古今上下，貴自帝王，下至一般民衆，都十分信仰；如一朝得病卧床，束手無策的時候，則多求願於藥師如來，故世間供奉藥師如來的藥師堂很多。

藥師如來普遍以日光菩薩、月光菩薩爲其脅侍，此二菩薩在藥師之净土中無量衆中之上首，是一生補處的菩薩。其次亦有以觀音、大勢至爲其脅侍的。還有以文殊師利、觀音、勢至、寶壇華、無盡意、藥王、藥上、彌勒等八菩薩爲侍者的。

藥師佛之眷屬神，俗稱爲藥師十二神將，又稱十二藥叉神。凡是以供養藥師如來本尊的廟宇中，必須安置此十二神將。此將藥師十二神將，列名如下：毗羯羅大將、招杜羅大將、真達羅大將、摩虎羅大將、波夷羅大將、因達羅大將、珊底羅大將、頞爾羅大將、安底羅大將、迷企羅大將、伐折羅大將、宫毗羅大將。

藥師如來的形象，有結跏趺坐，安坐於蓮臺上。在《阿娑縛抄》内記載如下："右手施願，左手作施無畏印；左掌持寶珠，右手掌輕輕舉起；左手屈小指，安放於臍下，左手持藥壺結定印；有應身説法者，即手持衣鉢，錫杖者，種類繁多。"以上略舉其中的七種，此佛的形象還有很多，比如在敦煌壁畫中就有站立的，但都是依其誓願而不同，分别設立形象的。

42. 藥師佛之一　94厘米 × 55厘米

43. 藥師佛之二　110厘米 × 65厘米

44. 藥師佛之三　168厘米 × 92厘米

45. 藥師佛之四　121厘米×64厘米

十三、日光菩薩

日光菩薩，又稱作日光遍照、日曜，是藥師佛的左脅侍，與右脅侍月光菩薩在東方净琉璃國土中，并爲藥師佛的兩大輔佐，也是藥師佛國中，無量諸菩薩衆之上首。

日光菩薩與藥師佛的關係很深遠。在久遠的過去世中，電光如來行化於世間。當時有一位梵士，養育二子，父子三人有感於世間的濁亂，於是發起菩提心，誓願拯救病苦衆生。電光如來對他們非常讚嘆，勸梵士改名爲醫王，二子改名爲日照、月照。這位蒙受電光如來咐囑的梵士，成佛後就是藥師如來，二位兒子也就是日光、月光兩大脅侍，而日照就是日光菩薩。

日光菩薩的名號，是取自“日放千光，遍照天下，普照冥暗”的意思。此菩薩依其慈悲本願，普施三昧，照耀法界俗塵，摧破生死暗黑，猶如日光之遍照世間，故取此名。

日光菩薩與觀世音菩薩的大悲咒也有密切關係。持誦大悲咒者，日光菩薩當與無量神人來爲作證，并增益其效驗。凡是持誦大悲咒者，如能再持日光菩薩陀羅尼，當能得到日光菩薩護持。

單獨出現的日光菩薩并不多見，常是與月光菩薩、藥師佛一起構成一佛二菩薩的格局。這時的日光菩薩像，一般爲身披天衣，頭戴寶冠，或手持蓮花，蓮花上有象征太陽的日輪。

46. 日光菩薩　127 厘米 × 64 厘米

十五、藥師琉璃光如來佛會

藥師佛，全名爲藥師琉璃光王如來，通稱爲藥師琉璃光如來，簡稱藥師佛。依《藥師如來本願功德經》所説：“東方過娑婆世界十恒河沙佛土之外，有佛土名爲净琉璃，其佛號爲藥師琉璃光如來。”

藥師琉璃光如來的名號來源，是以能拔除生死之病而名爲藥師，能照度有之黑暗故名琉璃光。現爲東方琉璃世界教主，領導着日光、月光遍照兩大菩薩及眷屬，化導衆生。

療治一切衆生的身心之病，是藥師如來的本願，而琉璃光是他本願所展現的特殊造型，因爲他要拔除一切衆生的生死、苦惱、重病，所以名爲藥師。因爲藥師有如此清净的本願，所以他在身相上所顯現出來的身，是完全透明無礙的琉璃光。藥師如來不僅醫治我們身體上的疾病，也醫治我們的智慧，悲心俱不圓滿的心靈。因爲衆生一開始，無法感受他深刻的願力，所以他先醫治好衆生的疾病，再醫治衆生的心。

藥師如來在過去行菩薩道時，曾發十二大願度衆生。關於藥師如來的形象，在《藥師琉璃光王七佛本願功德念誦儀軌·供養法》中説：“安中心一藥師如來像，如來左手令持藥器，亦名無價珠，右手令作結三界印，着袈裟，結跏趺坐於蓮花臺，臺下十二神將，八萬四千眷屬上首令安，又令安坐蓮臺，如來威光中令住日光、月光二菩薩。”

此圖是根據清宫畫家丁觀鵬《法界源流圖》藥師琉璃光佛會所繪。此畫有四十餘位的群體像，聚會於菩提樹下，藥師佛端坐於正中須彌座上，右手作安慰印，左手放置腹前；足踏蓮花、背有祥雲、頂放光明，有塔式華蓋瓔珞。佛兩側倚坐蓮坐者，左爲日曜（日光遍照）菩薩，右爲月净（月光遍照）菩薩，頂部均有華蓋瓔珞。佛前供案兩旁有二跪着的菩薩及二藥童子。迦葉、阿難及藥師八大菩薩、十二神將等衆分列兩側。場面浩浩蕩蕩，人物衆多，色彩絢麗，是一幅極爲珍貴的畫像。

十六、三世佛

三世佛分爲兩種：一爲竪三世，二爲横三世。竪三世，是指過去、現在、未來這三個時間概念。竪三世佛，即是過去佛、現在佛、未來佛。

我們應該知道，時間的過去、現在、未來都是時刻在變化的，没有一個固定不便的常數，那么佛教如何來區分竪三世呢？人們還是找到了一種方便，即以佛教的創始人，本師釋迦牟尼佛來劃分這三個時間概念，先於釋迦牟尼佛，從久遠劫前便已成佛的，便稱爲過去佛；釋迦牟尼開啓了佛教的紀元，故稱現在佛；在今後久遠時間以後成佛的即未來佛。亦有直接指燃燈佛爲過去佛，釋迦牟尼爲現在佛，彌勒佛爲未來佛。

横三世，是空間概念，即指時間相同而空間不相同的三尊佛。即指東方琉璃世界藥師琉璃光如來、中方娑婆世界釋迦牟尼佛、西方極樂世界阿彌陀佛。此處是指横三世佛，圖像是根據佛教水陸畫所繪，有關横三世佛的具體解釋，請看釋迦佛、藥師佛和阿彌陀佛的專門解釋。

49. 三世佛　131 厘米 × 91 厘米

50. 三世佛之一　釋迦牟尼佛　161厘米×85厘米

51. 三世佛之二　藥師佛　158厘米×82厘米

52. 三世佛之三　阿彌陀佛　149厘米×84厘米

十七、毗盧遮那佛

毗盧遮那，亦稱毗盧舍那佛，譯光明遍照、光明普照或大日，源於古印度人對日神的崇拜。大乘將毗盧遮那佛比作太陽，因此佛之身光和智光，毫無障礙地遍照宇宙法界，而圓明無缺之意。據《梵網經》説：蓮花藏世界獲得正覺的盧舍那佛，在千葉蓮瓣上正化現百億釋迦，每一釋迦又於每一國土上説其正法。把所有的蓮瓣合起來即爲百億世界。毗盧遮那端坐蓮臺中央，表現其所轄範圍有着無邊無際的空間。據我國長安五重寺的道安大師及天臺宗的荆溪大師講，毗盧遮那是法身佛，盧舍那是報身佛，而釋迦牟尼是應身佛。盧舍那佛於釋迦牟尼佛是同體不二的覺體。因釋迦牟尼佛只限於閻浮提娑婆世界一州的教主，而盧舍那佛則是三千大千世界的教主，總統宇宙全體。

在密宗的毗盧遮那爲最高尊神，是《大日經》和《金剛頂經》的主尊。密宗又稱摩訶毗盧遮那如來，摩訶是大的意思，所以又稱大毗盧遮那或大日如來，大光明遍照等。與其他如來（包括毗盧遮那如來）所不同的是大日如來現菩薩形，頭係高髻，戴寶冠，身上飾物華麗。或表示大日如來乃統轄如來、菩薩、明王、諸天尊神的王者身份。密教謂宇宙萬物皆大日如來所顯現，表示其智德的稱爲“金剛界”，表現其理性的稱“胎藏界”。兩界大日如來兩手在胸前，用右拳握左拳的第二指是爲智拳印，以釋明智、果的行爲世界；胎藏界大日如來，一般把左掌仰放在結跏趺坐的膝上，在將右掌印叠在左掌之上。一如禪定印，是爲法界定印，以象征理智的徹悟境界。

大日如來的造像有單尊和五位一體（一稱五智如來）兩種形式。金剛界五體如來爲：大日、阿閦、寶生、阿彌陀、不空成就；胎藏界爲：大日、寶幢、開敷華王、無量壽、天鼓雷音。這些如來除阿彌陀和阿閦兩如來外，其它如來不見獨立經典。金、胎兩界的大日如來俱在中央，另外如來各在本界的東南西北四方位。

毗盧遮那的世界，是統一一切的世界，雖然有各種各樣的曼荼羅，但均是由大日體係延擴大出來的，大日如來始終是統轄宇宙的中心。在曼荼羅上，釋迦佛、阿彌陀佛等其他諸佛，以及各大菩薩、明王、護法神天，均有着各自的位置。而他們所代表或象征的各種要素在與曼荼羅中所處的位置相對照，都非常切合。就金、胎兩界主尊均是大日如來又表明了理智不二，金胎爲一，兩者攝取宇宙萬有爲一體的本質。有的認爲，胎藏界主女性（慈悲），金剛界主男性（智慧）。

54. 大日如來之一　89 厘米 × 58 厘米

55. 大日如來之二　95 厘米 × 84 厘米

57. 盧舍那佛之二　150厘米×80厘米

二十、阿閦如來

阿閦如來正名爲阿閦婆耶，譯爲不動、無動、或無忿、無嗔恚等。係東方妙喜世界（又稱善快妙樂）的教主，在東密教義占金剛界的中央，大日如來東邊的位置。據《阿閦佛國經》卷上《發意受慧品》與《善快品》所載："過去東方去此千佛剎，有阿比羅提世界，大日如來出現其中，爲諸菩薩説六度無極之法；其中有一菩薩，聞法後發無上正真道意，發願斷嗔恚，斷淫欲，乃至成就最正覺，大日如來歡喜而賜號'阿閦'。"阿閦菩薩遂於東方阿比羅提世界成佛，現仍在那裏説法度衆。

又據《法華經》卷三《化城喻品》載："大通智勝佛未出家時有十六王子，後皆出家而爲沙彌，其第一子爲智積，即阿閦，於東方歡喜國成佛。"《悲華經》卷四載："阿彌陀佛於過去世爲無諍念王時有千子，其第九子蜜蘇即阿閦，在東方成佛，國號妙樂。"

密教以此佛爲金剛界五佛之一，象征大圓鏡智。位於五解脱輪中之正東月輪中央，前方爲金剛薩埵，右方爲金剛王菩薩，左方爲金剛愛菩薩，後方爲金剛喜菩薩。形像爲金黄色，左手作拳安於臍前，垂右手觸地，即所謂阿閦佛觸地印，密號爲不動金剛。三昧耶形爲五股杵。

59. 寶生如來 140厘米×70厘米

二十二、彌勒佛

彌勒，意爲“慈氏”，是慈悲爲懷的意思。佛經中慈悲就是除去痛苦，給予歡樂。彌勒是姓，名“阿逸多”，意爲“無能勝”。彌勒生於古印度南天竺一個大婆羅門家族，大婆羅門在印度是高貴的種族。據《彌勒下生經》講述，當時的轉聖王穰佉將七寶幢奉獻給彌勒，彌勒把它施舍給婆羅門，但七寶幢却被婆羅門的衆將折斷。彌勒看到這么一座精美絶倫的七寶妙幢樓閣在頃刻間化爲烏有，深有感觸，感嘆世間事事無常。於是彌勒放弃了自己優越的貴族生活，剃度出家皈依了佛門，并修成菩提正果。彌勒與釋迦牟尼是同時代的人，釋迦牟尼佛因爲弟子舍利弗發問，預言彌勒菩薩將來會繼承自己的衣鉢示現世間教化衆生，同時還預言了彌勒將會先於佛陀離開這個世間，全身釋放紫色金光，上昇到彌勒净土——兜率天。在那裏，彌勒與諸天神演説佛法，直到釋迦牟尼佛滅度後五十七億六千萬年時，才從兜率天宫來到人間。

兜率天是佛教欲界中的天界，意爲“妙足”。兜率天分爲内外兩院，外院是諸神的公園，内院是彌勒居住的地方，稱爲“彌勒净土”。兜率天雖然在欲界，但由於彌勒願力的加持變得莊嚴神聖，四周散發着怡人的香氣，潔净的地上會涌出甘甜的清泉，如意果樹香氣四溢，所用衣物也生於樹上，隨意取用，地上會長出没有稻殻的稻米，金銀珠寶更是鋪滿各處。

一般彌勒佛都供在天王殿中，殿内兩旁是四尊威武高大的四大天王。他們肩負着風調雨順的職責，成爲人們五穀豐登、天下太平的守護者。南方增長天王，能讓衆生增長善根，他手持寶劍，護持佛法。東方持國天王，他慈悲爲懷，保護衆生，護持國土；他又是主樂神，手持琵琶，用音樂使衆生皈依佛教；琵琶作爲法器又是降魔的威力武器。北方多聞天王，護持佛陀説法道場，常聞佛法，故名多聞；他手持混方珍珠寶傘，用以降魔。西方廣目天王，他能睁開天眼洞察世界，護持衆生安寧；他手執紫金龍或花狐貂。

唐末五代時期，浙江奉化有一個胖和尚，人們都叫他“契此”。他的形象十分特異，身材矮胖而且袒胸露腹，手裏經常提個大袋子，每次化緣都把得到的食物隨手扔進袋子裏，所以人們都叫他“布袋和尚”。他總是笑呵呵的，説話也語無倫次，但仔細想想，他説的却十分有道理。他經常幫人預測未來吉凶，人們都稱他爲奇人。一天，他盤腿端坐在奉化岳林寺前的磐石上，口中念着偈語：“彌勒真彌勒，分身百千億；時時示時人，時人自不識。”説完這個偈語後便安然圓寂。人們聯想到他平日的言談舉止，認定他就是彌勒佛化身來到世間度化衆生，於是就按照他的外貌形態塑造了現在的彌勒佛像。明太祖朱元璋曾下令讓全國寺院造大肚彌勒佛放置在天王殿中。慈眉善目、笑口常開的大肚彌勒一直被中國的信衆供奉至今，并影響到東南亞一帶。

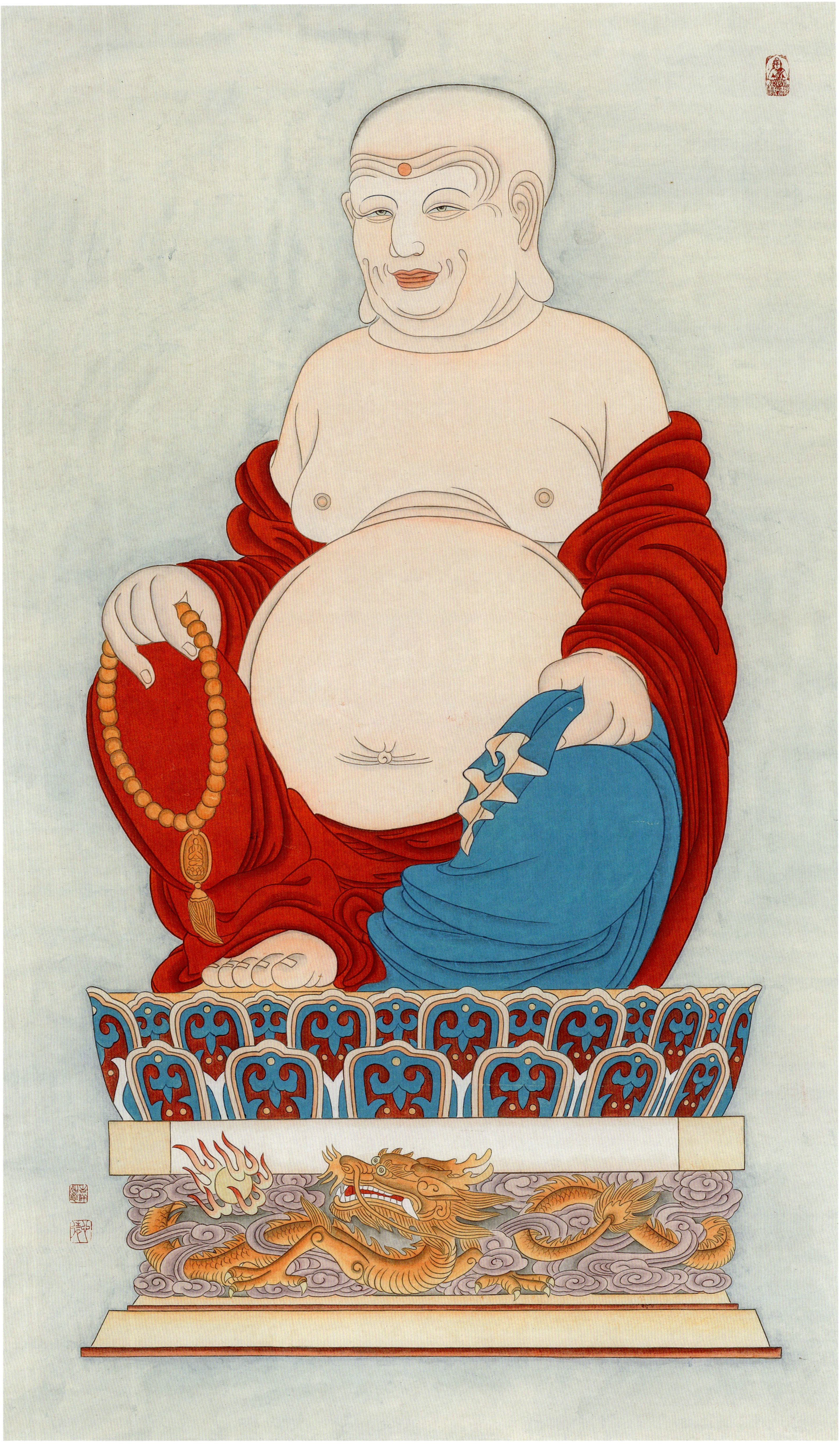

60. 大足石刻彌勒佛　152厘米 × 89厘米

二十三、佛

佛是梵語之音譯，全稱佛陀。意指覺悟真理者，亦是自覺、覺他、覺行圓滿、如實知見一切法之性相、成就無上正等正覺之大聖者，乃佛教修行之最高果位。自覺、覺他、覺行圓滿三者，凡夫無一具足，聲聞、緣覺二乘僅具自覺，菩薩具自覺、覺他，由此更顯示出佛之尊貴。對佛證悟之内容，諸經論有多種説法，對佛身、佛土等，各宗派亦有不同説法，但大乘則總以“至佛果”爲其終極目的。

佛有七種殊勝功德超越常人，即身勝、如法住勝、智勝、具足勝、行處勝、不可思議勝、解脱勝等。佛之定、智、悲均爲最勝者，故稱大定、大智、大悲。

小乘的大衆部則認爲，其他三千大千世界，同時有其他諸佛存在，故主張“一界一佛，多界多佛”之説，有部則主張“多界一佛”説，此時“界”係指三千大千世界而言。

據《華嚴經》説，佛有十種：“一者正覺佛：爲佛於菩提樹下降服諸魔，廓然大悟，證無上果，是名正覺佛。二者願佛：謂佛從兜率天下生人間，説法度生，酬宿因願，是名願佛。三者業報佛：謂佛修萬行清净業因，感相好莊嚴果報，是名業報佛。四者住持佛：謂佛真身及於舍利，住持世間，永久不壞，是名住持佛。五者涅槃佛：華言滅度，謂佛應身，化事既終，示現滅度，是名涅槃佛。六者法界佛：謂佛證一真法界無漏之體，有大智慧，放大光明遍照一切，是名法界佛。七者心佛：謂佛心體離念，虚徹靈通，本來真覺，寂然獨照，是名心佛。八者三昧佛；梵語三昧，華言正定，謂佛常住大定，如如不動，了知一切，是名三昧佛。九者本性佛：謂佛具大智慧，照了自性本來是佛，具足恒沙性妙功德，是名本性佛。十者隨樂佛：謂佛隨機樂欲，如意速疾，即爲現身説法，令其行業成就，是名隨樂佛。”

61. 仿寶寧寺佛像　130厘米×70厘米

二十四、菩薩

菩薩：梵語菩提薩埵之略稱，意譯作道衆生、覺有情。菩提，覺、智、道之意，薩埵，衆生、有情之意。與聲聞、緣覺、菩薩合稱三乘。又爲十界之一，即指以智上求無上菩提，以悲下化衆生，修諸波羅蜜行，於未來成就佛果之修行者。亦即自利、利他二行圓滿，勇猛求菩提者，對於聲聞、緣覺二乘而言，若由其菩提（覺智）之觀點視之，亦可稱菩薩，而特别指求無上菩提之大乘修行者，則稱爲摩訶薩埵（摩訶，意即大）摩訶薩、菩薩摩訶薩、菩提薩埵、摩訶薩埵等，以與二乘區别。

菩薩有多種分類，有依悟解深淺而分，也有依發心大小而分，亦有按修行次第而分類的。如斷無明，證菩提的十信、十住、十行、十迴向、十地、等覺、妙覺等五十二個階層，即是按修行次第而劃分的。有關菩薩之一切法則儀式，稱爲菩薩之法式。以達佛果爲目的之教，稱爲菩薩乘，其經典稱爲菩薩藏，《梵網經》等即述菩薩應持之菩薩戒。諸經典常舉之菩薩名，有觀音、大勢至、文殊、普賢等，還有在印度修學大乘的學者，如龍樹、世親等即被尊稱爲菩薩。中國亦有道安被稱爲印手菩薩、敦煌供養菩薩等。

62. 仿寶寧寺菩薩之一　135厘米×70厘米

63. 仿寶寧寺菩薩之二　170厘米×80厘米

二十五、十二圓覺菩薩

圓覺，是圓滿覺性的意思，就是指修行得道，功德圓滿，也就是説斷絶了一切煩惱妄想，對世間一切事物、道理大徹大悟，就能往生清净佛國，即身成佛。

唐代著名僧人佛陀多羅所譯的《圓覺經》中記載，十二位菩薩依次請求佛祖開示修行的法門，佛祖一一耐心地作了解答。由於十二位菩薩請教的是大乘佛法圓滿覺悟的清净境界，修行的法門是直接成佛的大道，因而稱之爲十二圓覺菩薩。這十二位大菩薩的名稱分别是：1. 文殊師利菩薩；2. 普賢菩薩；3. 普眼菩薩；4. 金剛藏菩薩；5. 彌勒菩薩；6. 清净慧菩薩；7. 威德自在菩薩；8. 辨音菩薩；9. 净諸業菩薩；10. 普覺菩薩；11. 圓覺菩薩；12. 賢善首菩薩。

文殊、普賢、彌勒，我們有過介紹。第三位是普眼菩薩，是觀音菩薩的另一名稱，佛經中稱贊她慈眼普觀一切衆生，所以叫普眼菩薩。第四位是金剛藏菩薩，是賢劫中十六聖者之一。佛經記載：在過去莊嚴劫有一千位佛出世，其中以燃燈佛爲代表，稱爲燃燈古佛；現在世賢劫中也有一千佛出世，以釋迦牟尼佛爲代表，稱謂釋迦諸佛；未來星宿劫中也有一千位佛出世，以彌勒佛爲代表，稱爲彌勒諸佛。密教稱賢劫十六佛（菩薩）爲千佛中地位最高的護法神。金剛藏菩薩爲十六尊之一，有時示現爲忿怒身，手持金剛杵用以降伏諸惡魔，又稱爲金剛藏王，他還是密教五方佛中東方阿閦佛的四位護法神之一。

餘下的諸位大菩薩分别代表不同深刻意義。

清净慧菩薩：代表脱離一切煩惱，六根清净。六根指眼、耳、鼻、舌、身、意，全都清净無染，自在無礙，從而獲得佛法智慧。

威德自在菩薩：代表有大威勢，足以降伏所有惡魔，有大慈德，可以救助一切煩惱衆生。

辨音菩薩：代表擅長用法音、慧音宣講一切佛法智慧，解脱惡因、惡果的輪回往復。

普覺菩薩：代表深刻理解了衆生的生死苦樂，按照佛所教化的智慧，利樂衆生，走上覺悟解脱的道路。

圓覺菩薩：代表覺行圓滿，自利利他，永遠斷除無明煩惱，即身成就佛道。

賢善首菩薩：代表按照佛的教化修行，以善爲師，化導衆生，賢能爲人，利世濟衆。

十二圓覺造像今天并不少見，除杭州靈隱寺以外，在四川大足也有一處聞名於世的十二圓覺造像，即大佛灣圓覺洞。洞窟内主像爲三身佛，位於正壁中部，三身佛的兩側壁前，各刻有六尊菩薩。這些造像爲宋代作品，刻畫細膩，造型優美，裝飾性極强。整個圓覺洞就是一件大型的石雕藝術珍品。洞中的十二位菩薩即爲十二圓覺菩薩。

64. 大足石刻圓覺菩薩之一　143厘米×90厘米

65. 大足石刻圓覺菩薩之二 150厘米 × 92厘米

66. 南無賢善首菩薩　163 厘米 × 81 厘米

二十六、八大菩薩

釋迦牟尼三十五歲成佛，據稱次年三月十五轉密宗法輪，始有密宗。密宗修習分爲四個階段，即“密宗四部”或“四續”：事部（續）、行部（續）、瑜伽部（續）、無上瑜伽部（續）。四續的出世部分佛分三部、五部、六部。以五部來説，包括如來部、蓮花部、金剛部、寶生部和業部。每部除有部尊（佛）外，還有管理世間的菩薩，如：如來部有普賢菩薩，蓮花部有觀音菩薩，金剛部有金剛手菩薩，寶生部有文殊菩薩，業部有彌勒菩薩。每部還有其他衆多的菩薩、眷屬、使者、護法等無量無數神祇，所以佛教乃愈來愈復雜、愈來愈妙化不可方物，而成爲牢不可破的係統。

密教中有八大菩薩之説。這八大菩薩包括上面提到的五位大菩薩。據佛經講，八大菩薩是常隨侍佛的，護持正法，救護衆生。但八大菩薩的組成，佛經中有不同説法，如《八大菩薩經》和《藥師經》中就有所不同。《八大菩薩經》中有文殊、觀音、彌勒、虛空藏、普賢、金剛手、除蓋藏和地藏，《藥師經》中則是文殊、觀世音、大勢至、無盡意、寶檀華、藥王、藥上和彌勒。

第一種説法流行最廣、影響最大。前面多數菩薩已專門做了介紹，下面再擇要介紹其餘幾位。

金剛手菩薩：據稱金剛手菩薩是釋迦牟尼佛説密法時所呈現的形象，是釋迦佛的秘密化身，所以又叫秘密主菩薩。他屬金剛部，因手持金剛杵而得名，故又稱金剛菩薩。又因其執金剛杵常護衛佛，他還被叫作“金剛手藥叉”。金剛手與觀音、文殊三位菩薩合爲著名的“三族姓尊”，即“三怙主”。金剛手還被視爲大勢至菩薩的忿怒化現。對藏密佛菩薩身變來變去的現象，是因爲佛教有法身、化身和報身三種不同的佛體顯現，變化無方，所以許多佛菩薩的各種變化身都應看作是佛教教義的體現。深意的金剛手是指表大日如來身語意三密的金剛薩埵，即密乘第二祖。

金剛手的形象有多種。最常見的是一面二臂三目，身呈藍黑色。右手怒拳持金剛杵上舉，左手怒拳持金剛鈎繩當胸或左手安於胯。頭戴五股骷髏冠表五佛，以雜寶及蛇爲瓔珞，下穿虎皮裙。足右屈而左伸，威立於烈焰之中，凶猛之相顯示其護法的威力。

密宗以爲，修煉金剛之法，有不可思議之功德，可消滅地水火風所生諸災難，一切所求無不如願，臨終時直生西方净土。

除蓋障菩薩：全稱“除一切蓋障菩薩”，又作“降伏一切障礙菩薩”。此菩薩爲密宗胎藏界曼荼羅中除蓋障院中的主尊菩薩，密號離惱金剛。院内另有破惡趣、施無畏、除疑怪、不思議慧等八位菩薩。通俗講，這是一位幫人去掉一切煩惱的大菩薩。

“除蓋障”乃消除一切煩惱之意。佛教中有修道五蓋、五障説法，即修禪時障礙坐禪、使人難以入定的一些心理障礙。“五蓋”之“蓋”，是指這些障礙能覆蓋心性光明而不能顯現，故稱“蓋”。五蓋包括貪欲蓋、嗔恚蓋、睡眠蓋、掉悔蓋、疑蓋。五障包括煩惱障、業障、生障、法障、所知障。修行者必須弃除上面的種種蓋障，即令一切煩惱業苦盡皆除滅，才能獲得所謂見法明道的“除蓋障三昧”。若得此三昧者，則與諸佛菩薩同住。《大日經疏》稱：“得除蓋障三昧，見八萬四千煩惱之實相，成就八萬四千之寶聚門。”

除蓋障菩薩的形象是：左手持蓮花，花上有如意寶珠，乃以菩提心中之如意珠施一切衆生，滿其所願，右手結無畏印。

無盡意菩薩：又叫無盡慧菩薩。因其觀一切事象之因緣果報，皆爲無盡，而發心上求無盡之諸佛功德，下度無盡之衆生，故名無盡意菩薩。密號是無盡金剛、定惠金剛。

無盡意菩薩身呈白肉色，左手拳置腰間，右手持花雲。據《大方等大集經·無盡意菩薩品》載，無盡意菩薩出現於東方不眴國普賢如來之世界。

《金剛頂瑜伽經》稱：“諸佛菩薩依二種輪，現身有異。一者法輪，現真實身，所修行願報得身故；二者教令輪，現忿怒身，由來大悲現威猛故也。”是説佛菩薩由正法輪與教令輪兩種輪身，分别現真實身和忿怒身。八大菩薩爲菩薩形之真實正法輪身，由此八大菩薩受佛教之教令轉化爲忿怒相以降伏愚暗邪魔的教令輪身，即八大明王。

67. 八大菩薩之一 150厘米×80厘米

68. 八大菩薩之二 150厘米×80厘米

二十七、法海寺壁畫二十諸天之一

法海寺位於北京市石景山區，翠微山南麓。壁畫全稱爲《帝釋梵天禮佛護法圖》畫面位於殿内北墻左右兩側，全長 14 米，高 3.2 米，繪二十諸天像，全圖共有 36 個人物，人物高 1.2 米至 1.6 米。

此圖是北墻西側，畫面長 7 米，高 3.2 米，繪有部分二十諸天。依畫面自右至左排列順序爲：閻摩羅王、金剛密迹、散脂大將、鬼子母、月天、辨才天、菩提樹天、西方廣目、北方多聞、帝釋天等。

今根據有關經典對諸天略作解釋，其他如牛頭、長髮鬼、小孩等侍從均不作解釋。

1. 閻摩羅王天：是梵文的音譯，意譯爲雙王。原爲印度神話中管理地獄的主長，有時亦爲餓鬼道的主宰。佛教沿用其説，稱爲管理地獄的魔王。漢化後，多爲濃眉鉅眼虬髯王者相。

2. 金剛密迹：又稱金剛力士、金剛夜叉等。釋迦牟尼成佛後，常有五百執金剛（手執堅固武器的藥叉）隨從侍衛。其主領者即金剛密迹力士，手持金剛杵（降魔杵）。

3. 散脂大將：此尊别名爲半支迦，譯作密神，曾納鬼子母爲妻室，生五百子。爲毗沙門天之眷屬，是八大將之一，管領二十八部衆，身着甲胄，左手持金剛戟，表力大無窮。

4. 鬼子母：譯爲愛子母、歡喜母等，原爲婆羅門教中的惡神，專啖食小孩，稱之爲“母夜叉”。被佛化後，成爲專司護持兒童的護法神。

5. 月天：梵名爲戰捺羅，又叫月寶天子，或寶吉祥天子等，屬十二天之一。是大勢至菩薩的化身，原爲男相，漢化後爲青年后妃相。

6. 辨才天：是梵天之后妃，主智慧福德之天神。聰明而有辨才，又司音樂，故另名妙音天，美音天等。

7. 菩提樹天：原爲印度教的地神，守護菩提樹的天女。釋迦牟尼在菩提樹下打坐成道時，如遇下雨，她就用樹葉做傘爲佛擋雨，是最早的護法神。有一侍女爲之舉幡。

8. 西方廣目天：亦爲護世四天王之一，專守護西方，即護持西牛賀州。他能以净眼觀察護持世界，故名廣目。

9. 北方多聞天：四大天王之一。别名毗沙門天，此天原爲婆羅門教之神，名爲金毗羅。主掌黑暗界事務，後來歸依佛法，化爲光明神，最後爲施福護財善神。因他常護如來道場并聞法，故名多聞天。又爲北方守護神。

10. 帝釋天：直譯爲天帝。傳説在古代印度的神話中，此天是時常被提及的神，他常與阿修羅交戰，極其勇猛神武，一度投入佛法，爲忉利天之主神，住須彌山頂上之善見城，能統轄三十三天。來中國漢化後，帝釋天常作少年帝王相，男人女相，後又作女后相。

二十八、法海寺壁畫二十諸天之二

此圖在北墻東側，畫面長7米，高3.2米，繪部分二十諸天。依畫面自左至右排列順序爲：娑羯羅龍王、韋馱天、堅牢地天、摩利支天、日天、功德天、大自在天、南方增長天、東方持國天、大梵天等。

1.娑羯羅龍王：在佛教中爲護法天神，漢化後爲中國式的龍王，作帝王相。

2.韋馱天：譯作陰天。韋馱天是南方八大將之一，是四天王及三十二將的主位。受佛令，完成佛教護法大任，統帥東、南、西、三州，主利生化益，救濟一切衆生爲其本誓，古來欲建伽藍之場合，須先安奉此神像。

3.堅牢地天：是梵文的意譯，音譯爲比裹低毗。原爲婆羅門教中的地神，男相，曾爲釋迦牟尼的福業作過證明，是佛教的護法天神，漢化後，作女后相。

4.摩利支天：梵文的音譯，意譯陽焰光天。原爲印度神話中的光明女神。她常行日前，日不見彼，彼能見日，能利用隱身法救人苦難。在佛教中爲護法天神。

5.日天：日天譯作日宫天子、寶光天子等。十二天之一，原爲印度太陽之神恪化，能遍照四天下及四大洲，與守夜之月天子，兩兩相對，隨從四大天王。在佛教中爲護法天神，主司乾坤運轉。後漢化爲帝王相。

6.功德天：是梵文意譯，又名吉祥天女，音譯摩訶室利。原爲婆羅門教中命運、財富、美麗女神，掌管財富，散布吉祥，有大功德，故名。在佛教中爲護法天神，漢化後作后妃相。

7.大自在天：音譯摩醯首羅天。是三千大千世界之主，是造化一切萬物的主宰者，凡人間所受之苦樂悲喜，悉與此天王之苦樂悲喜相一致。此天喜時，一切衆生均安樂。此天瞋時，一切衆生均受苦患。如果世界毀滅時，一切的萬物均歸於摩醯首羅天宫。原爲婆羅門教主神之一的濕婆，在印度神話中是毀滅之神，又是苦行和舞蹈之神。在佛教中他爲護法神，爲鎮東北方神。

8.南方增長天：此天爲護世四天王之一，梵音毗樓勒叉，或毗流馱伽，主守護南瞻部州，常住須彌山第四層之南琉璃埵天宫。諸雍形鬼、餓鬼等爲其眷屬。

9.東方持國天：亦是四大天王之一，專守東勝神州地域，其梵名爲提賴吒，譯作持國、或安民。其常住天宫，是須彌山的第四層，在東勝神州的黄金埵。此天能護持國土率領諸癲狂鬼、香陰神將等，主樂神。

10.大梵天：譯作清净，原爲印度教之主神，是創造天地的主宰者，即創造一切，又是毀滅之神。在佛教中大梵天是色界諸天之王，爲釋迦佛的護法天神。

二十九、虚空藏菩薩

虚空藏菩薩：梵名“Akasagarbha”，又譯爲“虚空孕菩薩”，因爲他具足福德、智慧二種寶藏，無量無邊，猶如虚空廣大，所以稱爲“虚空藏菩薩”。他能出生無量寶物，滿足一切衆生欲求，可説是典型的財寶本尊，因此又被稱爲“如意金剛”“富貴金剛”“無盡金剛”。

據《大方等大集經》卷十六中佛陀告訴速辨菩薩説，虚空藏菩薩“於虚空中隨衆生所需，若法施、若財施、盡能施予，皆令歡喜，以是故，善男子！是賢士以此方便智故名虚空藏。”并説虚空藏過去世：於普光明王如來出世時爲功德莊嚴轉輪聖王之子，名“獅子進”，與“獅子”等諸王子舍弃王位，出家修道。後爲度化功德莊嚴王的驕慢心，現無量神變。“於虚空中現種種妙物，所謂華香、末香、塗香、繒蓋、幢幡，作種種天樂、美膳、飲食、瓔珞、衣服，種種珍寶皆從空中繽紛而下，雨如此寶，滿足三千大千世界，衆生得未曾有，皆大喜悦。爾時，從地神諸天，上至阿迦膩吒天皆歡喜踴躍，唱如是言，‘此大菩薩可名虚空藏。所以然者，以從虚空中能雨無量珍寶充足一切。’爾時，世尊即印可其言名虚空藏。”

另有《别尊雜記》卷二中記載：“虚空藏菩薩者，表一切如來恒沙功德福聚資糧，修瑜伽者於此部中，速成就所求一切伏藏，皆得現真多摩尼寶。”《覺禪鈔》引《大日經疏》十一云：“如虚空不可破壞，一切無能勝者，故名‘虚空’等歟。又‘藏’者，如有人有大寶藏，施所欲者，自在取之，不受貧乏，如來虚空之藏亦復如是，一切利樂衆生事，皆從中出無量法寶，自在受用，而無窮竭相，名虚空藏也，此藏能生一切佛事也。”

《虚空藏菩薩神咒經》中，佛陀贊嘆虚空藏菩薩：禪定如海，净戒如山，智如虚空，精進如風，忍如金剛，慧如恒沙。是諸佛法器，諸天眼目，人之正導，畜生所依，惡鬼所歸，在地獄救護衆生的法器。應受一切衆生最勝供養。可見這位菩薩功德之殊勝。

《虚空藏菩薩經》中則叙述，佛陀住在佉羅底翅山時，虚空藏菩薩從西方一切香集依世界的勝華敷藏佛所，與十八億菩薩來娑婆世界爲净土，使一切與會大衆兩手皆有如意摩尼珠，其珠放出大光明，遍照世界，并奏天樂，出生種種寶物。

由以上經疏中種種記載，不但可知虚空藏菩薩之所以名虚空藏，與財寶有着深密的因緣，更可以知道此財寶本尊虚空藏菩薩不僅可賜予衆生世間無量種種珍妙財寶，滿足衆生世間的需求，更能增進衆生意樂，施與種種法財，令一切衆生圓滿菩提，同時圓滿衆生福智二種資糧。

虚空藏菩薩在胎藏曼荼羅虚空藏院中爲主尊，身呈肉色，頭戴五佛冠。右手屈臂持劍，劍緣有光焰；左手置於腰側，握拳持蓮，蓮上有如意寶珠，坐於寶蓮花上。其所持的寶珠、劍，即代表福德、智慧二門。頂戴五佛寶冠，表示具足萬德圓滿之果德。右手持的寶劍表示其内證之智，身後之慧、方、願、力、智王波羅密菩薩由此産生。

虚空藏菩薩左手持蓮花，上有寶珠，寶珠有一瓣、三瓣或五瓣。一瓣寶珠表一寶相的菩提心；三瓣寶珠表胎藏之佛部、蓮花部、金剛部等三部；五瓣寶珠表金剛界三王智，亦即表内證之福德，自此流出布施、持戒、忍辱、精進、禪定五波羅蜜菩薩。其眷屬十波羅蜜菩薩，着羯磨衣，從虚空藏菩薩之福德智慧二莊嚴所化現。

此外，虚空藏菩薩也常化現爲天黑後第一顆出現的明星，因此也被認爲與明星天子是同體所現。

71. 虚空藏菩薩　132 厘米 ×92 厘米

三十、伽藍菩薩

一般到寺廟游覽，看到伽藍殿裏面供着關公，大多數人都不理解。實際上伽藍是僧伽藍摩的省稱，義雲衆園。

當釋迦牟尼佛在世時，舍衛國有位長者名須達多，他能將財物布施貧困，人們稱他爲給孤獨長者。傳説他要請佛到舍衛國來説法教化，就同佛的弟子舍利弗選擇地方供佛和弟子們居住。經過再三考慮，選定了舍衛國太子祇多的花園。但是太子没有出賣園林的意圖，便對給孤獨長者説："你若能在我的園地上布滿黄金，我便把花園賣給你。"給孤獨長者當真這樣做了。太子很受感動，便少要了他一部分黄金作爲買回樹木的價錢，二人共同請佛來住，這便是印度有名的祇樹給孤獨園。後來舍衛國王波斯匿王也皈依佛教，爲佛陀建立佛教的事業作出過很多貢獻。所以後代寺院的伽藍殿供的應是波斯匿王，左方是祇多太子，右方是給孤獨長者，以紀念他們護持佛教的功德。

關公即關羽，字雲長，河東解縣（今山西臨猗西南人）是三國蜀漢大將。爲什么把他列到寺院的守護神呢？

據説是隋代天台宗智顗在當陽玉泉山建精舍，山上出現種種恐怖現象，虎豹號叫，蛇蟒當道，鬼魅長嘯，陰兵血唇劍齒，形象丑陋。智顗安然以對。這時出二人"威儀如王，長者美髯而豐厚，少者冠帽而秀髮"。自通姓名，是關羽、關平父子。關羽説："死後主此山"。從未見過像大師一樣法力無邊的人，願舍此山爲大師作道場，并且願意永遠護衛佛法。智顗同意了，在寺院建成之後，爲關羽授五戒。

又有傳説：唐代高僧神秀到當陽玉泉山創建道場，見當地人都供養關羽，就拆毁了關帝祠。忽然關羽出現，向神秀講明前事，神秀就破土建寺，并讓關羽做寺院的守護神。後世人們就根據這些傳説把關羽列於伽藍神，在寺院中塑像供奉。

72. 伽藍菩薩之一　120厘米 × 60厘米

73. 伽藍菩薩之二　121厘米×64厘米

三十一、韋馱菩薩

韋馱，梵名作私建陀提婆，直譯意爲陰天。他本是婆羅門教中的天神，後來成爲佛教護法諸天之一。相傳釋迦佛圓寂之後，諸天神和衆王商量火化遺體，收取舍利建塔供養之事。這時，帝釋天手持七寶瓶，來到火化場説：“佛原先答應給他一顆佛牙，所以他先取下佛牙准備回去建塔供養。”時有羅刹鬼躲在帝釋天身旁，乘人不注意，盜去佛牙舍利。韋馱見狀奮起直追，剎時將羅刹鬼抓獲，取回舍利，贏得了諸天衆王的讚揚，認爲他能驅除邪魔，保護佛法。

此外，佛教中另外還有一位護法天神韋天將軍。相傳他姓韋名琨，是南方增長天王所率的八大神將之一。又是護法四天王手下三十二神將之首。有的人把韋馱天王與韋天將軍相混。

中國佛教寺院中韋馱菩薩的形象，大多爲身穿甲胄的雄壯武將樣。手持金剛杵，或以杵柱地，或雙手合十，將杵擱於肘間。體格魁偉，威武勇猛。面如童子，表示他不失赤子之心。

韋馱像一般都是金盔金甲，年輕英俊，威風凛凛，手執金剛杵。一身中國武將風格，像趙雲、馬超一類勇將。韋馱一般有兩種姿勢；一種是一隻手握杵拄地，另一隻手插腰。關於這兩種姿勢，其中還有點奥妙！“合掌捧杵者，爲接待寺，凡游方釋子到寺，皆蒙供養。按其杵拄地者則否，可一望而知也。”

74. 韋馱菩薩之一　110厘米 × 65厘米

75. 韋馱菩薩之二 120厘米×64厘米

76. 韋馱菩薩之三 160厘米×89厘米

77. 韋馱菩薩之四　116厘米 × 75厘米

三十二、地藏三尊

唐朝時，新羅國有位僧人叫金喬覺，法號“地藏”，他是新羅第七代國王金理洪的兒子，從小就厭倦官廷奢華的生活，於是削髮爲僧。在唐玄宗時，乘船渡海來到中國。當他路過安徽池陽時，見九華山峰巒叠嶂、樹木茂盛、山泉瀑布不斷、鳥語花香，是個修行的好地方。於是，他停下來，在九華山結茅棚苦行修煉。這時他已經近六十歲，但身體非常健壯。後來得到樂善好施的山主閔公的護持。閔公早已聽説山中有一位叫地藏的新羅僧人非常虔誠地信奉佛法，便想邀請赴齋宴。地藏在齋宴上請求閔公施舍他一塊袈裟大的地方，作爲修行場所。閔公欣然答應，然而讓他驚奇的是地藏將袈裟一抖，竟把整個山都罩住了，在場衆人目瞪口呆，閔公更是心悦誠服，不但出讓了九華山，還捐資修建了“化城寺”。并讓兒子隨自己一同出家，護持地藏比丘。於是九華山成了地藏菩薩的道場，閔公父子也就成了地藏菩薩左右脅侍。

地藏菩薩雖是化城寺的開山祖師，但他仍然持戒苦修，深爲信衆敬仰。地藏比丘在九華山修行了幾十年，在他九十九歲的時候，一天，他召集弟子與衆人來到自己跟前，囑咐一番後，安然坐化。他的肉身被放在月宫寶殿裏，金喬覺生前虔誠信仰地藏菩薩，而他的容貌也與地藏菩薩極其相似，世人便認定他就是地藏菩薩的轉世。由於他姓金，所以又稱“金地藏”。人們在地藏圓寂三年後，准備開缸安葬時，却驚奇地發現他的遺體不但完好無損，而且綿軟，容貌寂静慈祥，像他活着的時候一樣，敲擊他的骨節會發出金鎖般的響聲。寺僧將地藏肉身移葬到三層寶塔之中，此塔被稱爲“肉身寶塔”。

金喬覺以九十九高齡示寂，肉身不壞，全身入塔。又因爲他生前篤行地藏菩薩的行願，更使世人相信他就是地藏菩薩的化現，相傳農曆七月十五爲地藏菩薩的誕辰，七月十三日則是其成道日，他入滅的那天是農曆七月三十日，世人便將此日定爲地藏菩薩的涅槃日。

作爲地藏菩薩道場的九華山，位於安徽青陽縣西南，方圓一百公裏，有九十九峰，最高峰海拔一千三百四十二米。九華山廟宇和佛像最多時是唐代，那時曾有“九華一千寺，撒在雲霧中”的詩句。現在九華山尚有八十二座寺廟，六千多尊佛像，居四大佛山之首。其中最有名的是坐落在神光嶺上的肉身寶殿，據説地藏菩薩的肉身至今還保存在那裏。九華山的肉身殿，聞名遐邇，是全國最大的地藏道場，每年七月全國會有不少信徒來到九華山，到塔下膜拜，還會虔誠地通宵爲地藏菩薩“守塔”。

78. 地藏三尊之一 154厘米 × 77厘米

79. 地藏三尊之二　156厘米×79厘米

三十三、地藏菩薩

在我國流傳的許多佛菩薩像中，其聲名最廣、功法最顯著的，要算地藏菩薩爲第一。此尊梵名音譯爲“乞叉底蘖婆”。譯作地藏、持地、妙童、無邊心等。地爲住處之義，藏爲含藏之義。即地藏菩薩受釋尊之付囑，於佛陀入滅後至彌勒菩薩成佛前之間無佛時代，自誓地獄不空誓不成佛之菩薩。爲中國四大菩薩之一，關於地藏菩薩之名義，《地藏十輪經》卷一以“安忍不動，猶如大地；静慮深密，猶如秘藏”故稱地藏。

據《大方廣十輪經》卷一序品《占察善惡業報經》卷上載，地藏菩薩由過去世之大悲誓願力，亦現大梵王身、帝釋身、聲聞身、閻羅身、獅象虎狼牛馬身、乃至羅刹身、地獄身等無量無數異類之身，以教化衆生；并特别愍念五濁惡世受苦衆生，應衆生所求而消灾增福，以成熟衆生之善根。地藏菩薩常變現如是無數之化身濟度衆生，故又稱千體地藏。

地藏菩薩本願故事，有多種説法。據《地藏菩薩本願經》卷上《忉利天宫神通品》載：“地藏菩薩於過去久遠劫前，爲大長者子，因見師子奮迅具足萬行如來之相好莊嚴，而産生恭敬景仰之心，爲證得此莊嚴之相，而發願盡未來際不可計劫，度脱六道受苦衆生。”同經同品又稱，地藏菩薩爲過去不可思議阿僧祇劫時，有一婆羅門女，爲救度其母出離地獄，而爲母設供修福，并發願盡未來際劫廣度衆生。又《地藏經·閻浮衆生業感品》亦舉二説：（1）地藏菩薩於過去世久遠劫時爲一國之王，其國内人民多造衆惡，逐發願度盡罪苦衆生皆至菩提，否則不成佛。（2）地藏菩薩於過去久遠劫時爲一女子，名光目。其母墮於地獄受苦，光目爲救度之，而發願拔出一切罪苦衆生，待衆生盡成佛後，方成正覺。

地藏菩薩之形象有多種。一般廣爲流傳之形象，爲内秘菩薩行，外現沙門形；左手持寶珠，右手持錫杖，或坐或立於蓮華上。在密教中，地藏菩薩爲胎藏界曼荼羅地藏院之主尊，呈菩薩形；左手持蓮華，華上有如意寶幢；右手持寶珠，坐於蓮華上。密號爲悲願金剛、與願金剛。金剛界曼荼羅中，南方寶生如來四近親中之金剛幢菩薩，與地藏菩薩同體異名。

地藏菩薩以悲願力救度一切衆生，尤其對地獄中之罪苦衆生特别悲愍，而示現閻羅身、地獄身等廣爲罪苦衆生説法，以教化度之。故一般又以閻羅王爲地藏菩薩化身。《地藏菩薩發心因緣十王經》中，即指出閻羅王之本爲地藏菩薩之説。我國民間信仰中，地獄思想受《地藏經》影響甚深，而視地藏菩薩爲地獄最高主宰，稱爲幽冥教主，其下管轄十殿閻王。近時於敦煌千佛洞即發現地藏與十王像。

80. 地藏菩薩之一　127厘米×80厘米

81. 地藏菩薩之二　130厘米 × 70厘米

82. 地藏菩薩之三　90 厘米 × 60 厘米

83. 地藏菩薩之四　152厘米 × 79厘米

131

三十四、哼、哈二將

寺院的大門，一般是三門并立，中間是一大門，兩旁各一小門，所以叫“三門殿”。因佛寺多在山間，有“天下名山僧占多”之説，故也稱“山門殿”。寺院的山門殿裹，在門的兩旁常立兩位金剛像，二金剛爲鬼神力士之形，高二丈餘，威猛凛然可畏，儼然寺廟門神。

二位金剛成爲佛教門神有兩種説法。

一種説法是，此二金剛是手持金剛杵（古印度最堅固之兵器）護衛佛的夜叉神，又叫“執金剛”。傳説，釋迦常有手持金剛的五百個隨從侍衛。其中最重要者叫“密迹金剛”，是五百名侍衛之首。

密迹金剛原爲法意太子，他曾發誓説，皈依佛教後，要常親近佛，爲金剛力士，普聞一切諸佛秘要密迹之事。這也是其名諱“密迹”的來歷。於是，他擔當起把守寺院第一道大門的重任。不過，最初的金剛力士只有他一位，這很不符合中國傳統的“對稱”“成雙”習慣。於是，又增加了一位，一左一右對稱地立於山門殿兩側。古印度也風行安置諸天及藥叉神等護法，以守護伽藍（寺院）的習俗。

《毗奈耶雜事》卷十七載：“給孤獨長者施園之後……佛言，‘長者！於門兩頰應作執杖藥叉，次傍一面作大神通變’。”這新增加的一位也是有來歷的，即著名的大力士“那羅延天”。那羅延天爲梵文的譯音，意譯爲“金剛力士”“堅固力士”“人中力士”等，本是具有大力的印度古神。唐朝慧琳《一切經音義》卷六載，那羅延又稱“毗紐天”，欲求多力者，如精誠祈禱供養此天，則多獲神力。此天多力，身爲緑金色，有八臂，乘金翅鳥，手持門輪及種種器杖，常與阿修羅争鬥。因那羅延具有大力之故，後世將他與密迹金剛共稱爲二王尊，安置於寺門。因其被置於寺門兩側，又叫“右弼金剛”“左輔密迹”。左輔密迹，是密迹金剛；右弼金剛，即“那羅延天”。

由於那羅延突出的大力士身份，所以阿彌陀佛的四十八大願的第三十二願是那羅延身願：“我作佛時，生我國者，善根無量，皆得金剛那羅延身、堅固之力……若不爾者，不取正覺。”是説往生極樂世界之人皆可得那羅延金剛堅固之身。

民間習慣把二位佛寺門神叫做“哼哈二將”。這種叫法來源於明代著名神魔小説《封神演義》。

《封神演義》裹説，哼哈二將一個叫鄭倫，一個叫陳奇。“哼將”鄭倫本是商紂王的督糧上將，拜西昆侖度厄真人爲師。度厄真人傳他竅中二氣，碰到敵人把鼻子一哼，響如洪鐘，同時噴出兩道白光，吸人魂魄。周伐紂時，鄭倫每與人戰，常以哼鼻這一絶招取勝。後來鄭倫被周將鄭九公擒獲，投降了周武王，當上了武王的督糧官，仍以哼鼻取勝。後被商朝大將金大昇斬爲兩半。

“哈將”陳奇也是商紂王的督糧官，受異人秘術，養成腹内一道黄氣，張嘴一哈，黄氣噴出，見者魂魄自散。陳奇每與周將戰，則以哈氣絶招取勝。哈將陳奇與降周的哼將鄭倫接戰，一位鼻中噴出兩道白光，一位口中迸出一道黄氣，一哼一哈，彼此相拒，不分勝負。後來陳奇被哪吒打傷臂膀，又被黄飛虎一槍刺死。

周滅商後，姜子牙歸國封神，敕封鄭倫、陳奇“鎮守西釋門，宣布教化，保護法寶，爲哼哈二將之神”。

許多寺廟據此在山門塑哼哈二將神像。有些地區還將哼哈二將作爲門神，過年時一左一右貼在大門之上，至今還有這種門畫上市，頗受民間歡迎。其實，佛教經典中根本没有“哼哈二將”之名。

84. 哼將鄭倫　137 厘米 × 91 厘米

85. 哈將陳奇　138 厘米 × 92 厘米

三十五、觀音菩薩

觀音菩薩，梵名爲阿縛入盧枳底濕伐羅，舊譯爲光世音或觀世音，新譯爲觀世自在或觀自在，密號爲正法金剛或清净金剛。他能觀察諸法，自由自在，給一切功德與一切衆生，使之脱離苦海，得到快樂，故稱爲觀自在。

觀音菩薩在中國民間受到最普遍、最廣泛的信仰，在佛教各種圖像中或造像中，觀音菩薩的像也最爲常見，而且種類繁多，變化也極大。因此將觀音菩薩作一總的叙述。在佛教中，觀音菩薩是西方極樂世界教主阿彌陀佛的上首菩薩，與大勢至菩薩一起，是阿彌陀佛的左右脅侍，合稱西方三聖。

觀世音，是指世間衆生在碰到各種困厄灾難時，只要信奉觀世音菩薩，一心專念觀世音菩薩名號，這時他就會觀其音聲而來解救，使受難衆生及時得以脱困，所以稱爲觀世音。

佛教記載觀世音菩薩的經典很多，最爲流行的要數《法華經》中的《觀世音菩薩普門品》。這一品中叙述了觀世音菩薩大慈大悲，救度衆生的功德和能力，因此這部經譯出不久，這一品就被人們廣泛傳抄，單獨流行，并被稱爲《觀音經》。經中記載，觀世音是一位大慈大悲救苦救難的菩薩。如果有衆生遭受水火刀兵之灾，只要稱念觀世音名號，就火不能燒，遇水淹即得到淺處。如有遇刀兵相加，或有牢獄之灾，只要稱其名號，就能逢凶化吉，遇難呈祥。觀世音菩薩能給處於危難之中的衆生無畏的力量，使他們不畏恐懼。經中還説：觀世音菩薩能顯現各種化身，説法救度衆生。如有衆生應以佛身得度，觀世音菩薩即現佛身去救度，若應以羅漢身得度，他就現羅漢身去説法。還能隨時以國王身、宰官身、居士、長者、比丘、比丘尼、男女老少等各種不同身份，隨機應化，宣説佛法，點化衆生。

大約在兩晋之際，觀音菩薩的信仰就已經在社會上流行。到了南北朝，由於頻繁的戰亂，社會動蕩的原因，觀世音菩薩大慈大悲，救苦救難，在當時得到了更爲廣泛的信仰和傳播。而且還出現了一些專門宣揚觀世音的靈感故事和書籍，如南朝劉義慶編的《宣驗記》等。

在佛教各種菩薩像中，觀世音菩薩的形象種類最多，一般説來，當他和大勢至菩薩一起脅侍阿彌陀佛即西方三聖時，觀音菩薩多頭戴寶冠，冠上有化佛阿彌陀佛像。其它形象和衣飾則與其他菩薩没多大差别。中國佛教寺院中，大雄寶殿供奉的主尊背後，常常塑有海島觀音，觀音站立在鰲頭之上。有時觀音像旁，還畫有一個童子像。童子面向觀音，雙手合十，作禮拜狀，即所謂《童子拜觀音》。這是根據《華嚴經入法界品》中所説：善財童子由文殊菩薩指點，先後參拜五十三位大善知識而創作。這其中第二十七位即是觀音菩薩，這種像在中國民間十分流行。

密教的經典往往又把一些密咒和觀音像聯係在一起，還規定了持誦這些密咒相應的儀軌，以及需要禮拜供奉的觀音形象。由此産生了密宗六觀音、七觀音之説法，這些觀音中主要有馬頭觀音、千手觀音、十一面觀音、不空羂索觀音、准提觀音、如意輪觀音等，這些又都是正觀音或聖觀音的化身。

漢族地區的觀音在長時間的流傳過程中，更是發生了種種變化。人們多是根據自己的願望和喜好，塑造了許多富有民族特點的、符合人們審美和欣賞的心理情趣的各式各樣的觀音，如白衣觀音、楊枝觀音、馬郎婦觀音、送子觀音等。有典故并被人熟知的就有三十三觀音、大悲咒八十四觀音、普門示現觀音，等等。宋代以後所作的觀音多是根據妙莊王三公主妙善出家修成觀音説法而按中國古代仕女形象而繪出的觀音形象，以至後來這種女性觀音成了主流。

86. 觀世音菩薩之一　162厘米×90厘米

87. 觀世音菩薩之二　145厘米 × 70厘米

88. 觀世音菩薩之三　150厘米×91厘米

89. 仿唐吴道子碑刻觀音　132厘米×64厘米

90. 仿閻立本普陀山碑刻 楊枝觀音 90厘米×40厘米

91. 仿元代敦煌觀音　110厘米×60厘米

92. 仿清華嵒繪多臂觀音　110厘米×60厘米

93. 南無觀世音菩薩　150厘米 × 70厘米

94. 大足石刻如意觀音　148厘米×90厘米

95. 荷花觀音　150厘米×92厘米

三十六、觀世音菩薩男性說略考

有關觀世音是男是女，歷來説法不一，有經典記載，也有民間傳説。現根據各種經典作説明，以供參考：

據《華嚴經》載："見岩谷林中金剛石上，有勇猛丈夫觀自在，與諸大菩薩圍繞説法。"這勇猛大丈夫自然是男身。又據《悲華經》載："天竺有轉輪聖王，名無浄念，王有千子，第一王子名不眴，即觀世音菩薩；第二王子名尼摩，即大勢至菩薩；第三王子名王象，即文殊菩薩；第八王子名泥圖，即普賢菩薩。"不眴王子曾在佛前發願："願我行菩薩道時，若有衆生受諸苦惱、恐怖等事，退失正法，墮大暗處，憂愁孤窮，無有救護，無依無舍，若能念我，稱我名號，若其爲我天耳所聞，天眼所見，是諸衆等，若不免其苦惱者，我終不得阿耨多羅三藐三菩提。"於是寶藏如來當衆爲不眴太子授記説：善男子，汝觀天、人及三惡道一切衆生，生大悲心，欲斷衆生諸煩惱，欲令衆生作安樂故。善男子，今當字汝爲"觀世音"。

根據這一記載，觀音當是男子無疑。再據《觀世音菩薩授記經》云："昔金光獅子游戲如來國，彼國無女人，王名威德；於園中入三昧，左右二蓮花生二子；左名寶意，即觀世音；右名寶尚，即大勢至。"還有明代萬曆年間，胡應麟在《少室山房筆叢》中引王世貞《觀音本記》的話，也證明唐代以前的觀音絶大多數是男性打扮，而且《太平廣記》和《法苑珠林》亦説觀音是男性。

觀世音是大菩薩，其本相狀當然是大丈夫相。然而隨類示現，自然也可以化身成種種不同的樣子，女相只不過是其中的一類而已。習俗及外道，誤傳觀音爲女性，而且以妙莊王的三女兒妙善公主得道示現觀音的説法，當成正史，這實是一種誤傳。比如在中國唐代以前，以及日本、韓國的觀音像中多數是男相，而且有胡須。

96. 敦煌觀音系列之一　初唐觀世音菩薩　144厘米×65厘米

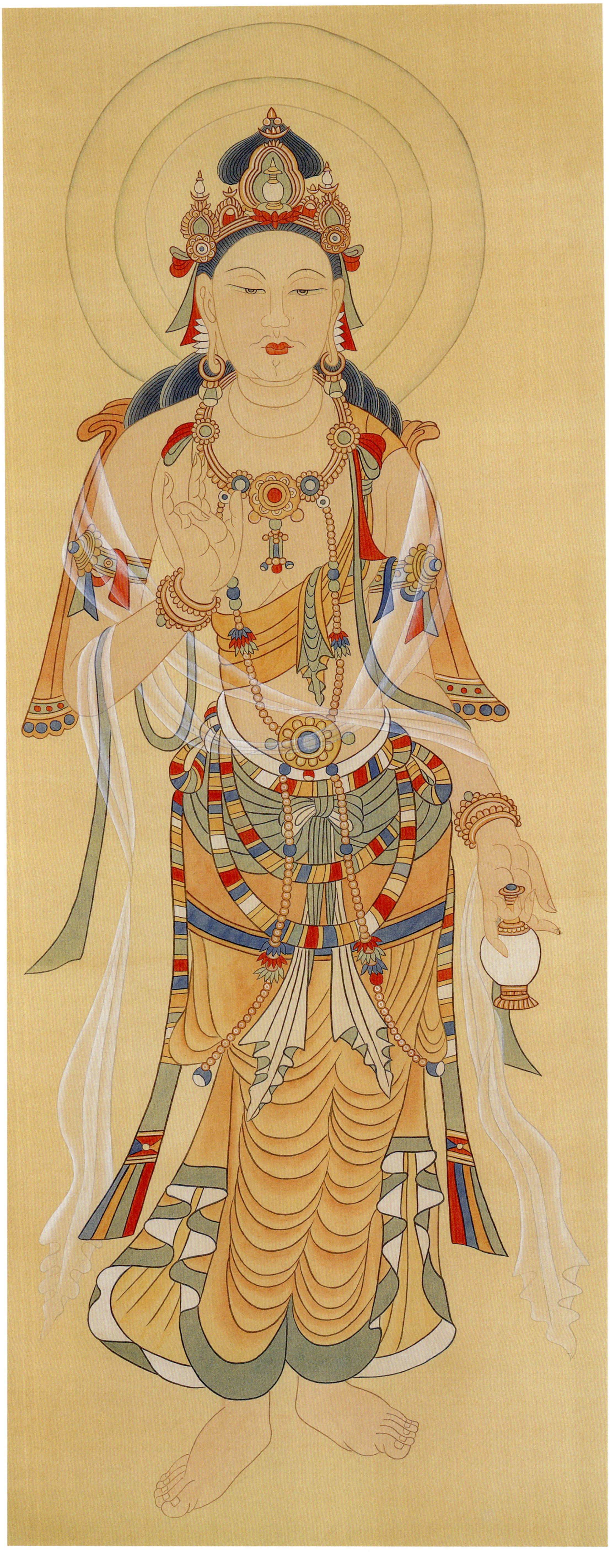

97. 敦煌觀音系列之二　初唐供養菩薩　152厘米×61厘米

98. 敦煌觀音系列之三　唐大士像　160厘米×66厘米

100. 敦煌觀音系列之一　初唐觀音菩薩　150 厘米 × 65 厘米

101．敦煌觀音系列之二　唐代觀音菩薩　148厘米×71厘米

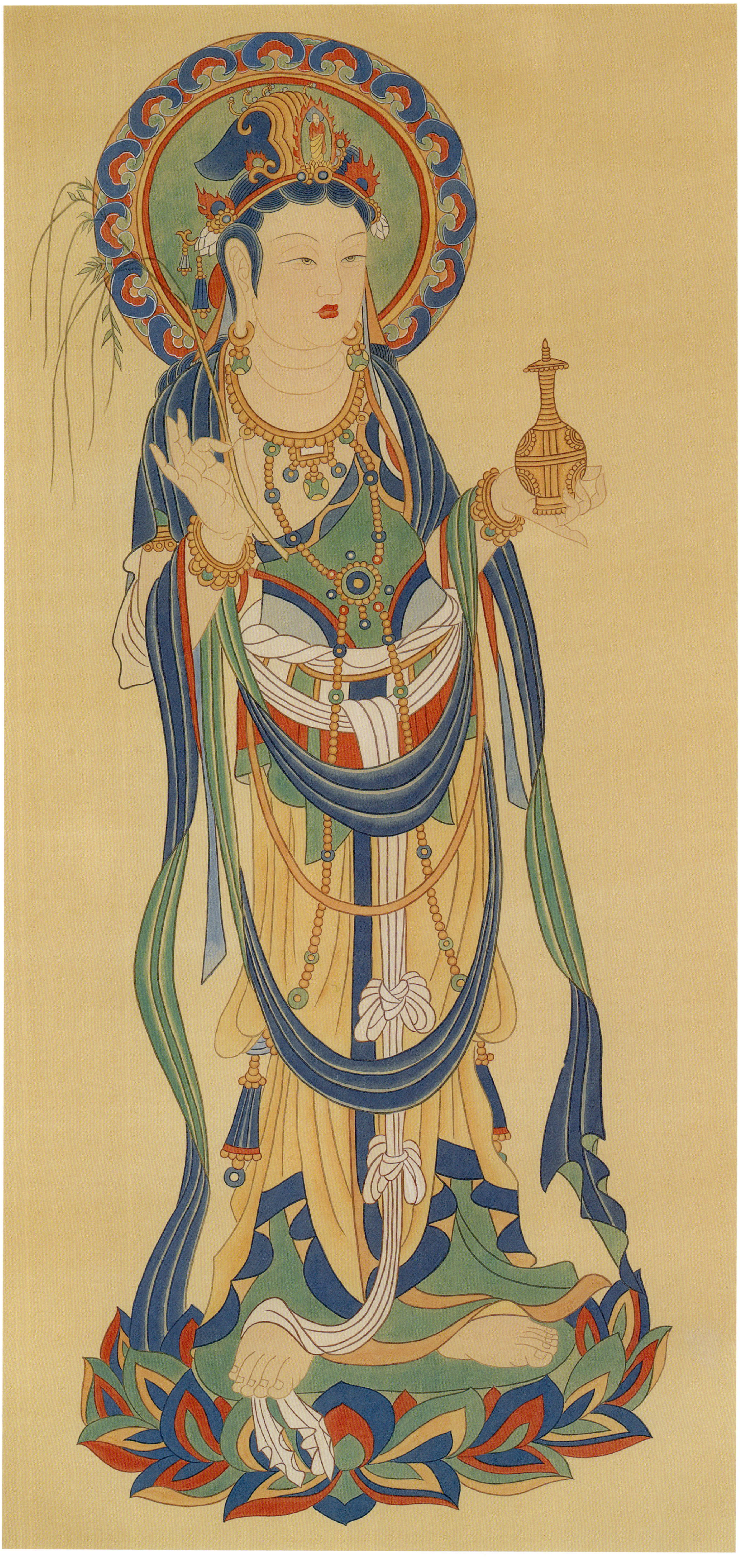

102. 敦煌觀音系列之三　盛唐觀世音像　148厘米×72厘米

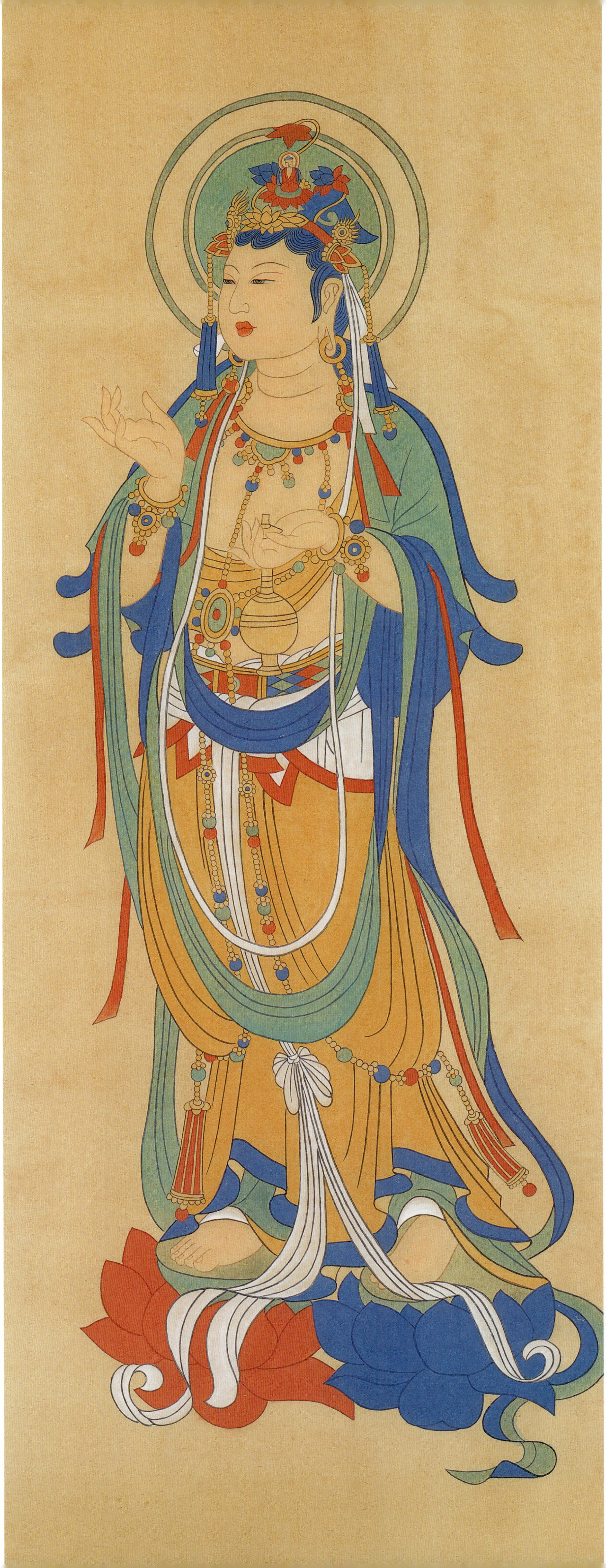

103. 敦煌觀音系列之四　盛唐觀世音菩薩　131厘米×50厘米

104. 敦煌 元代白衣雙觀音　132 厘米 × 92 厘米

三十八、聖觀音

六觀音之一。密宗稱聖觀音、天台宗稱大慈觀音。亦稱正觀音、聖觀自在。此尊法相爲觀世音菩薩本身相，是觀音各種法相的總體代表，也可以説觀音菩薩的正體標准像。聖觀音無千手千眼、馬頭、十一面、十八臂等異相。聖觀音是六觀音、七觀音的總體或正體，民間平常所説的觀世音菩薩，其實指的就是聖觀音和正觀音。觀音菩薩其他應化身，都是從正觀音形象演變的。佛教廟宇中以觀音爲主的“大士殿”“圓通殿”多供奉此像。聖觀音的形象爲一首兩臂的菩薩相，通常頭戴天冠，冠中有阿彌陀佛像，結跏趺坐於蓮花座上，身上有瓔珞項釧等裝飾。法相表情端莊、慈祥、悲憫。其手姿印相、持物，則有以下幾種不同：一、左手屈肘舉胸前，拇指尖頂在食指尖成環狀，其餘三指直豎，作施大悲無畏印，右手托净瓶。二、左手持蓮花，右手結大悲施無畏印。三、雙手放在胸前，腿上結法界定印或者彌陀定印。四、雙手作説法印，聖像兩旁有善財和龍女脅侍。民間供奉的聖觀音法相大多爲女相，身着白色天衣，其面相頗類似中國古代仕女的造型。四川安岳石窟有一尊明代聖觀音造像，法相美麗而莊嚴，堪稱歷代民間聖觀音造像之代表。

105. 聖觀音　110厘米×65厘米

106. 寶寧寺明代水陸畫觀音　142 厘米 × 72 厘米

107. 觀世音菩薩　86厘米 × 49厘米

108. 雲中觀音　66 厘米 × 42 厘米

三十九、彌陀净土觀音

彌陀净土觀音菩薩，可以説是一切觀音的本位，是最重要的觀音菩薩。

在《佛説觀無量壽佛經》中説：菩薩身長八十萬億那由他恒河沙由旬，身上皮膚的顔色是紫金色，頂上有肉髻，頭上有毗楞伽摩尼寶製成的天冠。特别是天冠中有一尊立佛，高有二十五由旬；眉間白毫相具足七寶顔色，演流出八萬四千種光明；每一光明中亦有無數化佛，每一化佛又各有五百化菩薩；無量諸天作爲其侍者，全身光明中，示現有六道衆生的一切色相；其變現自在，能遍十方世界。

菩薩的臂如紅蓮花色，有八十億光明以爲瓔珞，在瓔珞中普現一切諸莊嚴事。手掌也有五百億雜蓮花色，雙手十指的一一指端，有八萬四千畫，猶如印紋；一一畫有八萬四千色，一一色有八萬四千光，其光柔軟，普照一切，以此寶手接引衆生；舉足之時，足下有千輻輪相，自然化成五百億光明臺；下足時有金剛摩尼華布散一切，無不彌滿。

觀音的形象圓滿具足，與佛没有差别，只有頂上的肉髻以及無見頂相不如佛陀。

爲了接引衆生往生西方極樂世界，觀世音菩薩亦有此金剛蓮臺的形象，并無局限以何種姿勢、何種手印爲定型，而是隨衆生需要的因緣來示現，所以在不同的經典中，亦會描繪出不同的形態。

109. 觀音半身像　78厘米 × 48厘米

110. 彌陀净土觀音　133 厘米 × 91 厘米

四十、如意輪觀音

“如意輪”觀音爲六觀音之一，全稱如意輪觀世音菩薩，又作如意菩薩，如意輪王菩薩。此菩薩持如意寶珠及法輪，以廣濟一切衆生之苦，成就衆生之願望。如意寶珠，指世間之珍寶，及出世間寶相之寶，此二寶能令衆生出福德。法輪，即轉法輪之意，能令衆生出智德。此菩薩安置於密教胎藏界曼荼羅觀音院中，密號爲持寶金剛，三昧耶形爲如意寶珠。其形象有二臂、四臂、六臂、八臂、十臂、十二臂等不同。其中，具有二臂之如意輪觀音像，爲密教以前佛像，與六臂如意輪觀音爲世人所供奉。

自古以來，即將此菩薩之六臂配於六觀音及六道，即：右方第一思維手配於聖觀音，地獄道；第二如意寶珠手配千手觀音，餓鬼道；第三念珠手配於馬頭觀音，畜生道；左方第一光明山手配於十一面觀音，阿修羅道；第二蓮花手配准提觀音，人道；第三金剛輪手配於如意輪觀音，天道。上述乃表示此菩薩之六臂，能救度六道衆生，拔苦與樂。此外，於諸經論中，尚有多種如意輪觀音之描述。此尊是根據敦煌千佛洞留有的六臂如意輪觀音之畫像而繪。

111. 如意輪觀音之一　105 厘米 × 80 厘米

112. 如意輪觀音之二　100 厘米 × 82 厘米

114.准提觀音之二 100厘米×65厘米

四十二、數珠觀音

數珠觀音，亦名多寶觀音。據説古時，江南一帶民風刁薄。世人不知禮儀，只重財利，貪心十足，爾虞我詐，奸淫盜殺，無所不爲。觀音菩薩痛心世風不古，便决定來江南進行點化。

她化作一個肥頭大耳的和尚，身上戴着及手拿大量金珠寶物，招摇過市，分外引人注目。他這樣出現在市鎮上，立時引來一幫地痞無賴，擋住和尚去路。并不懷好意地説："你是哪來的妖僧，大膽到我地招摇撞騙。你一個出家人怎么會有這么多金銀珠寶？莫非是搶劫來的？快快獻出，放你過去，要是不然，休想活命！"觀音菩薩則説："我哪有什么寶物，也不知世間什么才叫寶物，只有學善修心，才是真正寶物。"這幫無賴哪能聽進去這些，紛紛叫喊："你這刁和尚，胡説什么，你身上那些金珠玉翠就是寶物，不要耍賴，快快交出來。"觀音菩薩説："你們要這些東西嗎？我看這些都是糞土，貧僧正嫌它纍贅，你們看好什么就隨便拿。"説完就把那些金銀珠寶放在地上，那幫無賴一哄而上搶了個净光，只留下一串婆羅子數珠，大家都不要，丢在地上。胖和尚拾起被丢的數珠，感嘆説："可嘆世人真假不分，没用的東西全拿走，一串修心養性的寶珠竟没人要？可見此地人没善根。"那幫無賴將搶去的珠寶拿到集市出賣時，都成了飛塵，隨風飄失。

這是觀音示現的一個故事，後人把這個典故又根據四川大足石窟的雕像而改繪成這幅觀音。

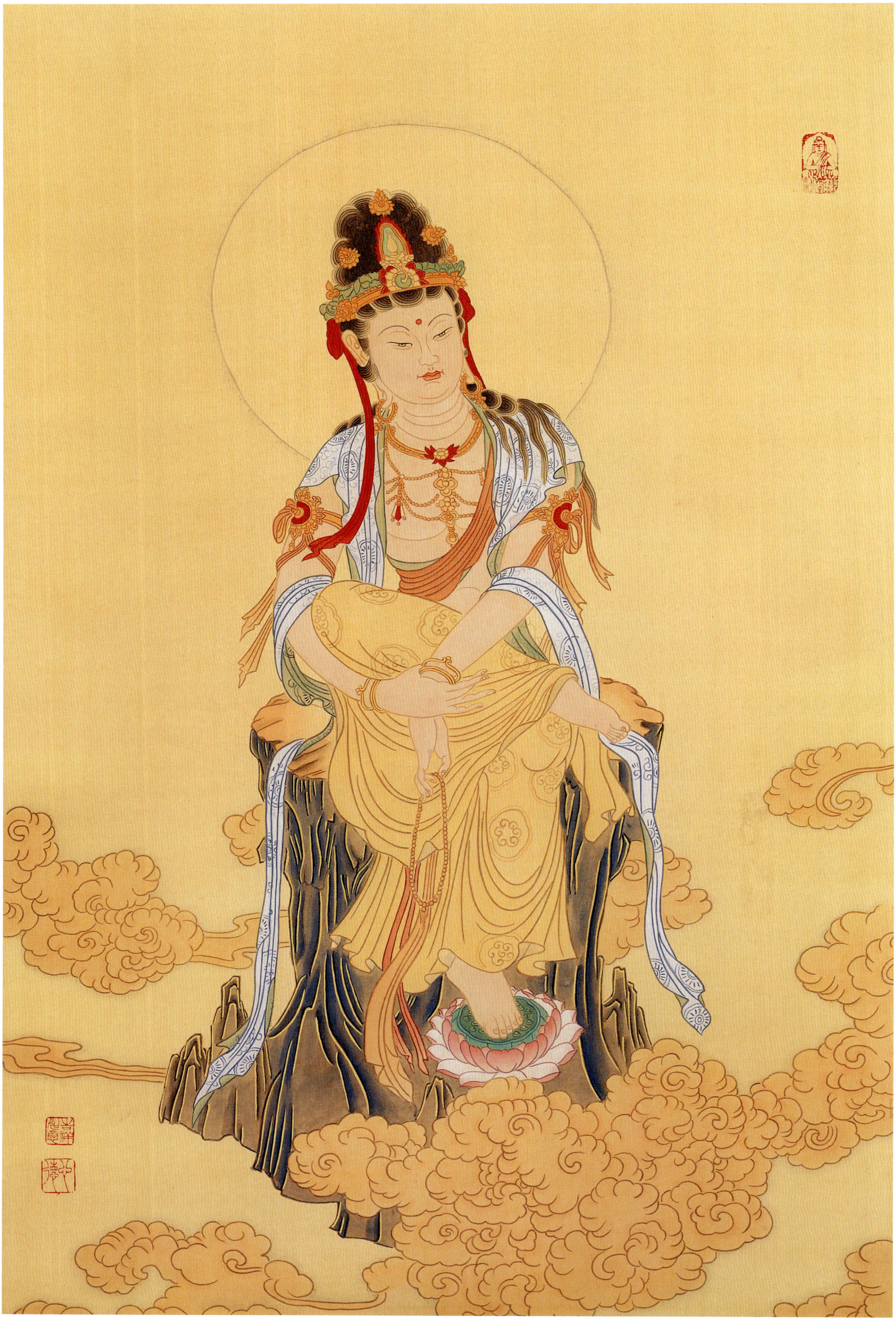

115. 數珠觀音　95 厘米 × 65 厘米

116. 大足數珠觀音之一　141 厘米 × 81 厘米

117. 大足石刻數珠觀音之二　153厘米×92厘米

四十三、水月觀音

水月觀音，三十三觀音之一。此尊形象亦有多種形式，但多與水、月有關，所以稱水月觀音。水中月，喻諸法無實體。

水月觀音，又稱水吉祥觀音，或水吉祥菩薩。這是觀世音一心觀水相的應化身，其形象有多種，有的是站立在蓮瓣上，蓮瓣則飄浮在海面上，觀世音正在觀看水中之月；另一種是以蓮花座姿，趺坐在大海中的石山上，左手持未敷蓮花，右手作施無畏印，且掌中有水流出。

這裏所編繪的水月觀音是根據北京法海寺明代壁畫所繪，此尊身披白紗衣，滿身珠寶精工細描，雍容華貴的觀音是歷代壁畫和繪畫當中的極上乘作品。還有其他多種水月觀音，這裏只選編兩種。

此尊所以命名爲水月觀音的緣由，也有不同的說法，有說是因爲其形象作觀看水中之月的相狀，所以名爲水月觀音；也有說是由於其形象浮在海上，猶如水中之月，因此而名。

中國最古老的水月觀音，應是在敦煌千佛洞發現的，屬唐代中期作品，此畫被法國羅浮宫美術館所收藏。

118. 北京明代法海寺壁畫水月觀音　126厘米×67厘米

119. 大足水月觀音　141厘米×90厘米

四十四、白衣觀音

白衣觀音，梵名“Pandaravasini”，三十三觀音中的第六尊。意譯爲白處、白住處。又稱爲白處尊菩薩、大白衣觀音、服白衣觀音、白衣觀自在母等。

在《大日經疏》卷五中記載:“此尊常在白蓮花中,故以爲名。”又說，“白者即菩提之心，即是白住處也。此菩提心從佛境界生，常住此能生諸佛也。此是觀音母，即蓮花部主也。”

此尊位在密教胎藏界曼荼羅蓮華部院西北隅。密號爲離垢金剛，普化金剛。三昧耶形爲手持白蓮花或優鉢曇華。《大日經·密印品》記載，其印契爲兩手虛心合掌，二無名指屈於掌中，二拇指并屈觸着二無名指。此即表此尊爲蓮花部之部母，能生蓮花部諸尊。

據《觀世音現身種種願除一切陀羅尼》中說，供奉此尊觀音，應用白净細布畫觀世音像，觀音身穿白色天衣，坐蓮花上，一手持蓮，一手持净瓶。據説誦念《白衣觀音經咒》後，白衣觀音就可出現，見到的人，心不生畏怖，而且能“隨心所欲，求願悉得”。白衣觀音聖像的特征是：身着白衣，處白蓮中，均爲二臂，手持法器或手印契各不相同。有的左手持蓮，右手作與願印；有的左手持棒或羂索，右手持般若經篋；有的左手持開敷蓮花，右手揚掌；有的左手持寶劍，右手持楊柳；也有雙手捧鉢，站立於蓮臺上。《白衣大士神咒》是最著名的觀音經咒之一，常念誦可助攝心，誦此真言後，轉念消業，凡事化爲吉祥。

120. 白衣大士　65厘米×42厘米

121. 白衣觀音之一　90厘米×48厘米

122. 白衣觀音之二　95厘米 × 55厘米

124. 十一面觀音之一　120厘米 × 59厘米

125. 十一面觀音之二　128厘米 × 78厘米

四十六、四臂觀音

四臂觀音是藏密大悲觀音的主尊，代表大悲、大智、大力，是密乘行者必修的法門，與文殊菩薩、金剛手菩薩合稱“三族性尊”，居雪域怙主地位，是藏密和藏地的首位依怙尊。

四臂觀音相一面四臂，身白如月，頭戴五佛冠，黑髮結髻。中央二手合掌於胸前，捧有摩尼寶珠，右下手持水晶珠，左下手拈八瓣蓮花，與耳際齊。面貌寂静含笑，以菩薩慧眼凝視衆生，凡被觀者都能盡得解脱。其身着五色綢緞衣裙，腰係寶彩帶，全身花蔓莊嚴，雙跏趺坐於蓮花月輪上。

四臂觀音的一首代表法界一味，四臂表示發心四願，身白色表自性清净無垢，不爲煩惱、所知二障所障。

在時輪院和歡喜金剛院中，其形象有四頭，爲藍、白、紅、灰色，有四臂二腿，身體爲藍色，兩脚踏卧之男體像。另一種是坐像，慈祥和藹；前兩臂之手作開敷蓮花合掌，後二臂右手持念珠，左手持優鉢曇華。爲藏傳佛教本尊之一。

126. 四臂觀音　95 厘米 × 75 厘米

四十七、坐蓮觀音

以蓮花形象組成的臺座稱爲蓮花座，蓮花是佛教的象征，表清静，高潔的蓮花出污泥而不染，故佛陀和菩薩多安置在蓮花座上。

蓮花座的種類也較多，常見的蓮花座分爲三部：上部爲“蓮花部”，由蓮肉、蓮瓣組成，猶如一朵向上開放的蓮花；中部爲“座身部”，由敷茄子、清花（即象征浮在水面上的荷葉）組成，猶如一個托起蓮花的花盤；下部爲“座基部”，一般爲三層，也有二層、一層的。

此尊左手托净瓶，右手持楊柳枝，背有火焰。端坐於蓮座上的聖觀音，顯得非常莊嚴、聖潔。

127. 坐蓮觀音之一　100 厘米 ×75 厘米

128. 坐蓮觀音之二　120 厘米 × 85 厘米

四十八、楊柳枝觀音

觀音菩薩最常見的持物是楊柳枝和净水瓶，表示以慈悲心遍灑甘露法水，令衆生消灾免難。佛典中還有一種祈請觀世音菩薩消伏毒害的法事叫作“楊枝净水法”。密宗認爲修“藥王觀音”密法可以袪除身上的病患。

楊柳枝：楊柳枝是古印度重要的日常生活用具。古印度人刷牙用的齒木，就取材於楊柳枝或類似的樹枝。齒木與香水是古印度人饋贈友人、表示自己誠意的禮品。這種習慣延伸到佛教界，也就成爲禮敬佛菩薩的供品。古印度的香水，其實是（於伽）加上香、花的净水，而齒木又專指楊枝，因此，中國佛教徒在供佛時，乃演化成“楊枝净水”固定供物。

净瓶和甘露：最早的净瓶原型是印度人用金屬製成的澡罐，它表示用洗濯罪垢污穢來使心净潔。在東方美術上它變成甘露瓶，佛教認爲，觀音手持的净瓶中有甘露，具八種功德：澄清、清冷、甘美、輕軟、潤澤、安和、除饑渴、長養諸根。净水遍灑大千世界，洗凡塵、除衆垢、潤群生、滅除諸種煩惱。

三十三觀音除楊柳觀音外，德王觀音和灑水觀音也是手持楊柳。德王觀音相當於《法華經·觀世音菩薩普門品》之“應以梵王身得度者即現梵王身而爲説法”的觀音化身。梵王是色界之主，其德殊勝，所以稱爲德王；德王觀音像多爲趺坐岩上，左手置於臍前，右手持楊柳。灑水觀音相當於《法華經·普門品》中“若爲大水所漂，稱其名號，即得淺處”之觀音化身。其像爲左手持鉢，右手執楊柳。

129. 楊枝净瓶觀音　164厘米 × 78厘米

四十九、灑水觀音

三十三觀音之一。又名“滴水觀音”。灑水亦稱“灑净”，即取灑水器以散杖灑香水於壇場使得清净。此爲密宗之修法。“散杖”，灑水用具，本用小束茅草，然後世代之以梅枝。灑時醮水右旋而灑。灑水觀音與净瓶觀音有關。“净瓶”又稱“寶瓶”，内盛净水，象征净化身心。“净水”又稱甘露水。觀音手持灑水器，當以梅枝或楊柳枝醮水灑向人間，或救旱災而降雨，或除病害而降魔。菩薩灑向人間的甘露之水，不僅爲久旱不雨之地降雨减災，而且還爲世上争權奪利、禍害百姓的恶人頭上澆一冷水，使其猛醒，做些好事，以免被刑之悔遲。觀世音菩薩遍灑甘露，令衆生了悟菩提，是代表慈悲爲懷，普灑佛法。灑水觀音法相主要有如下幾種：一、取立姿，右手執灑杖，左手執灑水器，作灑水之相。二、立姿，左手執柳，右手持寶瓶作灑水狀。菩薩將甘露之水灑向人間，以救衆生災難。三、取坐姿，右手作説法印，左手持瓶作灑水狀。此乃普門品中“若爲大水”一句之象征。菩薩頭戴風帽長長的披在肩上，身穿錦袍，半跏趺坐在岩石之上。灑水觀音是民間最普遍供奉的觀音聖像之一。

130. 灑水觀音　154厘米 × 77厘米

五十、持蓮觀音

三十三觀音之一。因手持蓮花而得名。佛教常以蓮花來比喻佛或佛法。蓮花出淤泥而不染，花色淡雅，亭亭玉立於碧波之中，迎風摇曳，深得人們喜愛。大乘佛教有一部著名經典，經名《妙法蓮華經》，蓮花喻潔白美麗，蓮華即蓮花。實際上蓮花已成爲佛教的象征。觀音係由蓮花童子衍化而成，因此，觀世音菩薩以蓮花爲誓願象征。手持蓮花喻菩薩接引衆生往生西方極樂世界。佛經上形容極樂世界長滿了蓮花，蓮花清凈高雅，所以西方極樂世界又稱净土。持蓮觀音有多種，有左手持蓮花，右手屈臂手在胸前，站立於雲端的；亦有雙手持蓮，兩邊有童男童女跟隨着的等等。還有手持蓮花，坐於蓮臺之上，此爲坐相持蓮觀音。持蓮觀音大多是豐潤貌美的少女形象。蓮花形狀有開敷蓮花、未開敷蓮花之别。《法華經·普門品》中載："應以童男童女身得度者，即現童男童女身而爲説法。"據此，持蓮觀音成了三十三應化身中的童男童女身。又稱童子相觀音。佛教認爲：童男童女身是最爲清净、没有污染的身體，若修道或參禪打坐，很快就能有所成就，很快開悟，得天眼通。所以童貞入道是最寶貴的。

131. 持蓮觀音　122厘米 × 65厘米

五十一、不空羂索觀音

不空羂索菩薩全稱爲“不空羂索觀世音菩薩”，又稱“不空王觀世音菩薩”“不空廣大明王觀世音菩薩”“不空悉地觀世音菩薩”“不空羂索菩薩”。

依《不空羂索神變真言經》所傳，在過去第九十一劫中，觀世音菩薩曾受世間自在王如來的傳授，而學得不空羂索心王母陀羅尼。此後觀世音菩薩即常以真言教法，化導無量百千衆生。因此，當觀世音菩薩示現化身，以此法救度衆生時，便稱爲“不空羂索觀音”。

不空羂索菩薩一名的“不空”是指心願不空之意，“羂索”原是指印度在戰争或狩獵時，捕捉人馬的繩索。以“不空羂索”爲名是象征觀世音菩薩以慈悲的羂索救度化導衆生，其心願不會落空的意思。

所以此尊觀音的形象，雖然有一面八臂或三面六臂等多種，且手持羂索，有懾伏衆生的意思，但是其真正的寓意，則是誓願宏深的廣大慈悲。以經典所載，凡是能如法受持不空羂索心王母陀羅尼的人，現世可得無病、富饒、無横灾等二十種功德，臨終也可得無病痛、觀音莅臨勸導等八種利益，甚至可以護國佑民、防止天灾地變等功德。

此菩薩在胎藏界中觀音院内，形象爲三面四臂，每面皆有三面，正面肉色，右面青色，左面黑色，表三德之意。左第一手持蓮花，第二手携羂索，右第一手持念珠，第二手執軍持，并披有鹿皮袈裟。

另外還有一面三目十八臂、一面四臂或三面二臂、四臂、十臂、十八臂，等等，最普遍的應是一面三目八臂像。其形象爲眉間白毫上竪有一目，左右二手合掌當胸，左次手持蓮花，次手於膝上持羂索，第四手作與願印；右第二手持錫杖，第三手於跏上持白拂，第四手作與願印，垂諸指仰掌，左右相對作同印不持物。二足以左按右上，着鹿皮袈裟。

132. 不空羂索觀音之一　160厘米 × 78厘米

133. 不空羂索觀音之二　168 厘米 × 91 厘米

五十二、魚籃觀音

魚籃觀音乃中國民間流傳的三十二觀音之一，一手持念珠，一手提盛魚的竹籃，神態瀟灑威嚴。民間對魚籃觀音有許多傳説，并把觀音提魚籃看作是這尊菩薩法力無邊的象征。

據《法華持驗記》《觀世音菩薩感應傳》中記載，唐元和十二年，陝西東部的人還没有信奉佛教。有位年輕貌美的女子來到此地，求婚者很多，美女説："欲娶親者，如一夜能背誦《普門品》即嫁之。"到了黎明，有二十人通過了背誦。美女又説："我一人豈能嫁給這么多人，若有一夜能背誦《金剛經》者即嫁之。"到了天亮能背誦者有十餘人。美女再要求他們在兩天内背誦整部《法華經》，最後只有具有驚人記憶的馬郎全背出來了。於是美女如約嫁給了馬郎。迎娶之日，賀喜賓客尚未散去，賣魚女突然去世，馬郎將她葬於金沙灘。數日後，一位身穿紫袍的老僧來到此地，問賣魚女下落。於是馬郎帶老僧到安葬處，老僧開墳驗屍，女子屍體已經完全腐爛，只剩下一條金鏈子串起來的骨頭。和尚告訴圍觀的民衆説，這女子是聖人示現，她來此地的目的是爲了解救他們脱離惡業輪回。説完，和尚用水將屍體洗净，係在杖上騰空而去。從此，這裏的人們開始信仰佛教。而金鏈子串起來的骨頭就是聖人的標記，因此，人們稱爲"鎖骨菩薩"。雖然故事中没有出現觀音，也没有提到魚籃，但是故事被人們所傳頌。到了《魚籃寶卷》，魚籃觀音形象才更加清晰。

在宋代江蘇沿海地區，金沙灘的村莊以打獵、捕魚、屠宰爲生，這裏的人非常凶惡，搶劫、殺人，做盡種種壞事，惹怒了玉皇大帝，他命令東海龍王用海水淹没整個村莊，要村民下到地獄去，永不得超生。

觀音當時是南海教主，知道後起憐憫心，請求玉皇大帝延後幾個月處罰他們，并自願下凡到金沙灘去度化他們。觀音化爲一個絶世美女提着魚籃，來到金沙灘賣魚，村中有一姓馬的惡霸，非常富有，想要娶得這位漂亮的姑娘。馬郎假意與賣魚女接觸，打探她的身世。賣魚女告訴他至今未婚的原因是發願要嫁給一位能背誦《法華經》，并且吃素行道的人。聽到賣魚女的話，馬郎很有興趣，便問道："哪裏能找到這部經，這經爲什么那么重要？"賣魚女回答："這部經是無價之寶，有了它，便可得人天喜樂，遠離地獄之苦。"至於哪裏可以找到這部經，賣魚女指向她的魚籃。原來她把《法華經》藏在魚籃子裏。

村中的男子知道了這事，决定和馬郎一樣，努力背誦經典，學習佛法，來争取與美麗的賣魚女結婚。一個月過去了，他們還在學習背誦經典，但救度金沙灘的計劃必須趕快進行，因此她選擇品行最壞的馬郎，來履行承諾。他朝馬郎吹一口氣，馬郎頓時神清氣爽，毫無猶豫地背誦出全本《法華經》。馬郎雀屏中選，非常高興地准備婚禮。没想到賣魚女在婚禮當天突然生病。此時，賣魚女向馬郎吐露自己真實的身份是觀音，她告訴馬郎："我違背了玉皇大帝的要淹没金沙灘的旨意，所以必須待在凡間三年。"臨死前，她告訴村人要繼續持誦這部經典，并繼續吃素、行善，之後便死了。

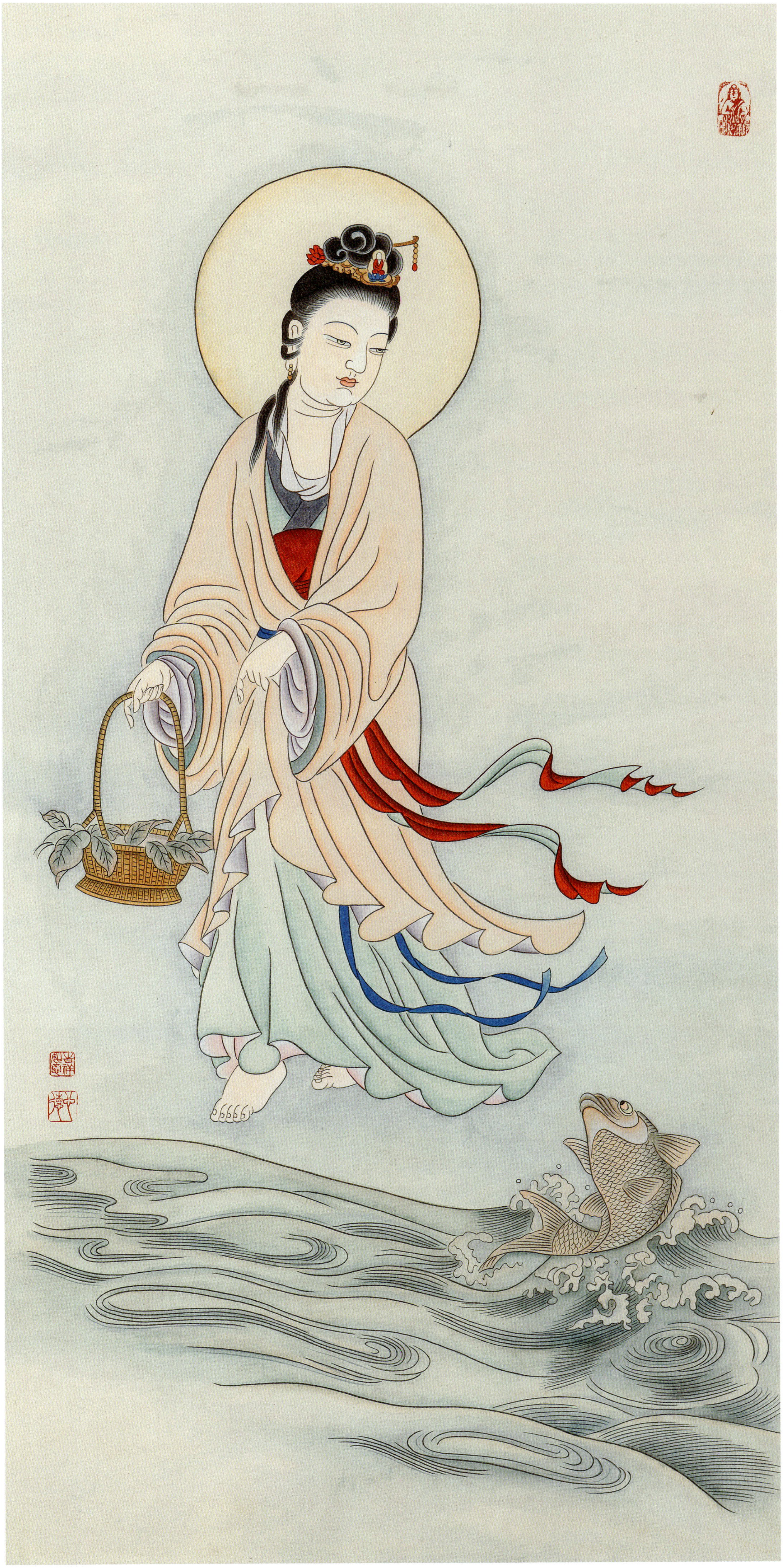

134. 魚籃觀音　123厘米 × 62厘米

五十三、净瓶觀音

持瓶觀音又名“持華瓶觀音菩薩”。因其手持華瓶而得名。此法相常見於古印度、晋、南北朝、隋唐及日本和朝鮮。華瓶亦稱“净瓶”“澡瓶”，又稱“寶瓶”。八寶吉祥，係佛教傳説中的八件寶物，其中有寶瓶。在佛教看來，寶瓶象征“福智圓滿不漏之謂”，而觀世音菩薩之寶瓶專裝甘露聖水，聖水灑向人間，能帶來祥瑞，它象征天下太平。四十八臂觀音中有寶瓶手和净瓶手，寶瓶造型大而圓，净瓶則呈長圓型，前者喻調和眷屬，後者喻求生梵天。《大悲心陀羅尼經》中有“娑婆摩訶阿悉陀夜”之梵語，此乃觀世音菩薩示現藥上菩薩相，觀音手持寶瓶，行療衆生疾苦。寶瓶中裝有聖水，可醫治衆生諸疾病，這是觀世音菩薩俯憐一切物類，特隨緣顯相，以化導各類衆生，使其皆成就無上妙道的真言。持瓶觀音爲民間常見的觀音聖像之一，歷代觀音造像亦見到各種不同的持瓶觀音法相。上海玉佛寺藏有一尊出土於北魏太和十年的石雕《持瓶觀音立像》。此尊法相造型優美匀稱，右手下垂持寶瓶，而有别於其他持寶瓶灑甘露的觀音像，追求的是整體立像匀稱、流暢。

135. 净瓶観音　147厘米 × 77厘米

136. 大足净瓶觀音　138厘米 × 89厘米

五十四、慈航普渡觀音

慈航普渡觀音又名“過海觀音”“渡海觀音”“慈航觀音”。在漢地佛教供奉的觀世音菩薩像之中，此尊觀音法相是最常見的一種。《千光眼經》記載：觀世音菩薩早在釋迦牟尼佛之前就已經成佛了。那么，觀世音菩薩爲什么又來做菩薩呢？這就是自古傳説的菩薩倒駕慈航。在《悲華經》中是這樣記載的，觀音菩薩在寶藏如來面前發誓説：“願我行菩薩道時，若有衆生受諸苦惱恐怖等事，退失正法，墮大暗處，憂愁孤窮，無有救護，無衣無舍，若能念我名號，若爲我天耳所聞，天眼所見，是衆生等若不得免斯苦惱者，我終不成阿耨多羅三藐三菩提。”民間供奉的慈航普渡觀音多爲漢化之女相，其特征是：菩薩立於大海中蓮花或蓮瓣之上，雙手交叉置於腹前，白衣裹身，瓔珞爲飾。苦海無邊，觀音仿佛乘上普渡之舟，正以大慈悲之心，遠航去救苦、救難、救世。

137. 渡海觀音　115厘米×65厘米

五十五、獅吼觀音

獅吼觀音又名“騎吼觀音”，是民間常見的觀音法相之一，因觀音騎坐於吼狀獅子之上，故名。又稱“獅子無畏觀音”。此尊觀音與阿摩提觀音有一定關係。獅子有威嚴的外貌，在古印度佛教中被視爲神獸，佛寺神聖建築的守護者。因獅子産於南亞，故中國古代繪畫中無獅子圖。《東觀漢記》載：“疏勒國王獻獅子，似虎，正黄，有髯鬚，尾端茸毛大如斗。”然而，中國古代畫家繪製的獅子則多加美化，已非原形。漢地佛教創造的騎吼觀音，其獅子造型十分奇特，頭胸如龍、如麒麟，顯然是從中國古代瑞獸中衍變而來。獅頭向上作吼狀，觀音則安然坐於其背上，左腿屈起，右腿放下，神色悠然自得，穩如泰山。山西五臺山佛光寺東大殿有一尊唐代騎吼觀音彩塑像。觀音端坐於吼獅之上，雙手持蓮花。騎吼觀音多見於宋代和明代，其法相坐姿，多爲安逸坐、輪王坐、吉祥半跏坐和降魔半跏坐。藏傳密宗供奉有“獅吼觀世音”，其法相特征是：觀音作左舒坐姿，坐於吼狀獅子身上，左手持蓮花，右手持三叉戟，戟柄上盤有長蛇。《大悲心陀羅尼經》中有“地利尼”梵語，意譯爲奇勇、寂滅摧閉的意思，此乃觀世音現獅子王身相，意在使衆生消除災禍。

138. 慈容五十三現之二現 96厘米 × 60厘米

139. 獅吼觀音　164厘米×83厘米

五十六、阿耨觀音

三十三觀音之一。因巨海與龍魚和阿耨達池有因緣，故名“阿耨”。《法華經·普門品》中云：“或漂流巨海，龍魚諸鬼難，念彼觀音力，波浪不能没。”佛經中湖海不分，故稱此觀音爲阿耨。據此，阿耨觀音成了普門品中的“救湖水難之身”。巨海，亦可指無邊生死大海；龍魚諸鬼，亦可指衆生内心煩惱。煩惱在衆生心中興風作浪，致使衆生永遠漂流在生死海中，不能達到涅槃彼岸。如衆生能稱念觀音菩薩的聖號，那就可仰仗觀音菩薩威神之力，令諸波浪不敢將你没於海底。阿耨觀音法相特征是：觀音左手拿蓮花，右手似拿龍珠狀，盤坐在似龍魚的背上，下邊是海水。《法苑珠林》載有觀音顯靈救水難的事跡，晋代徐榮，山東琅琊人。航船誤入漩渦之中，眼看就要被漩水吞没，徐榮惶然無他法，只有至心稱念觀音菩薩名號。不一會兒，如同有幾十人在齊力牽引似的，航船竟慢慢出了漩渦，順江漂流下去。此時，太陽已落，天昏地暗，風狂雨急，誰也不知道漂在何地，巨浪洶涌，幾次差點打翻航船。徐榮又至心念誦觀音菩薩名號不停。忽見遠山上燃起火光，烈焰熊熊，江心照得通明，船向火光駛去，平安地到達岸邊。到岸後，火光熄滅，徐榮這才知道觀音菩薩在暗中保佑他。

140. 阿耨觀音　105厘米×70厘米

五十七、鰲魚觀音

這尊觀音是根據民間傳説繪製。據説南粤大海中有一只千年孽鰲在海邊噬人作惡，此怪獸體長一丈六尺左右，形態極爲恐怖，通體褐色，略現金色光彩；頭頸像龜，尾巴却像大魚，因爲它長着四只脚，趾間厚皮相連，可以劃水。這個怪獸不僅能在水中游泳，而且能上岸行走，憑着它鋒利的牙齒和堅厚的甲殼，什么都不怕，它吃猪馬牛羊，尤其喜歡吃人。由於這個凶猛怪獸時常出没，粤海兩岸的百姓紛紛逃離家園，遷居内地。

這天，觀音來到粤海之濱，聽聞此事後，即在各處找到十萬八千根蠶絲，結成羂索；又取寶瓶中的楊柳枝削成九個倒刺鈎，再用海底沙土捏成一個人形，將倒刺鈎埋在泥人腹内，准備好後，專等怪獸出現。又一天金鰲在海底魚蝦吃得膩煩，便浮出水面，看到岸邊有人，便張開大口吞下泥人；可那泥人一進肚中，即刻融化開了，索上九個倒刺鈎露了出來，觀音將手中羂索一拉，那金鰲痛得在沙灘上直打滚。從此觀音便收服了金鰲。此鰲魚觀音便因此典故而改繪。

141. 鰲魚觀音之一　92厘米×40厘米

142. 鰲魚觀音之二　166厘米×77厘米

五十八、千手千眼觀音

六觀音之一。密宗稱“千手千眼觀音”，天台宗稱“大悲觀音”。又名“千眼千臂觀世音”，簡稱“千手觀音”或“千手觀自在”。千手意喻菩薩法力深廣，無所不能；千眼意喻菩薩觀照一切，無所不察。據《千手千眼觀世音菩薩廣大無礙大悲心陀羅尼經》記載：觀世音過去是千光王静住如來弟子，如來爲他講《大悲心陀羅尼》，并對他説：“汝當持此心咒，普爲當來惡世一切衆生作大利樂。”弟子發誓道：“若我當來堪能利益安樂一切衆生者，令我身千手千眼具足。”一發此願，頓時長出千手千眼，而且十方所有佛都放光照觸其身，從此他便成千手千眼觀世音菩薩。觀音具有千手千眼，表示能圓滿無礙普渡一切衆生。若有衆生供奉此尊菩薩，誦持該菩薩所傳的大悲神咒，那么此菩薩將以千手護持，千眼照見，并能息灾避禍，降伏邪魔。唐代以後，密宗興起，千手觀音聖相在中國、日本許多寺院中逐漸作爲主像供奉。千手觀音法相有繁簡兩種形式，繁式實有千手：法身八手，二手合掌，餘各持法器；報身四十手，二手合掌，餘各持法器；化身九百五十二手，分五層或十層作孔雀開屏狀後插。以上合千手之數，手中各有一眼，是爲千眼。簡式爲：常具兩眼兩手外，左右各具二十手，手中各有一眼，共四十眼。此四十各各入於二十五有，恰合一千之數。菩薩頂戴寶冠，冠下垂紺髮，頂上有三面、四面、十一面、二十七面等多種，冠中有阿彌陀佛像，其像多爲立姿。千手觀音在民間是大衆最爲熟悉、最爲崇拜的觀音聖相之一。

143. 千手千眼觀音之一　158厘米×92厘米

144. 千手千眼觀音之二　127 厘米 × 91 厘米

145. 千手千眼觀音之三　127 厘米 × 87 厘米

146. 千手千眼觀音之四　116厘米 × 73厘米

147. 千手千眼觀音之五　170厘米×100厘米

五十九、《心經》三十三觀音

觀世音菩薩爲攝化衆生而自然示現之三十三種現象。《法華經・普門品》及其他諸種感應傳，持驗記敘述，由此，民間亦流傳此類圖像，比較著名的有清代卓峯之觀音應化圖三十三幅（現藏於日本東京國立博物館）。此三十三觀音是臺灣畫家奚松先生按《般若波羅蜜多心經》順序白描畫稿而着色編繪。

這裏需要説明的是，《心經》的編排和奚松先生的解釋與傳統的三十三觀音有着較大的區别，今按兩步進行編排：第一，先解釋《心經》；第二，再解釋三十三觀音，使大家有一個比較明確的對比。

[1]“觀自在菩薩”：觀真實智慧，得大自在，具備上求正覺，下化衆生的菩薩，又可稱觀世音菩薩。

[2]“行深般若波羅蜜多時”：當菩薩修行，實踐深妙的般若波羅蜜多時。

[3]“照見五蘊皆空”：菩薩洞察，照見代表物質界的色，以及代表精神界的受、想、行、識。以上五蘊其本質皆是由無法計量的因緣而生，并没有可視爲絶對單獨存在的自性可言，這種無實體、無自性的狀態，假名有，實爲空。

[4]“度一切苦厄”：認識空性，即了解佛説：諸行無常，諸法無我，涅槃寂静的深意，也就能破除生命習慣的執着，并進而改善人、我和自然間的關係，終得度一切苦厄。

[5]“舍利子”：般若波羅蜜多的空義很深奥，因此召唤佛陀座下以智慧第一著稱的弟子，舍利子，前來領受教導。

[6]“色不異空，空不異色”：舍利子啊！你要知道，世間所有物質的色相，都不異於無實體的空性，而空性也不異於物質的色相。

[7]“色即是空，空即是色”：空與色并不是兩件事。色相的存在，即是依於空性的存在，也即是依於色相才得以呈顯。

[8]“受想行識，亦復如是”：不只物質界如此，就連精神界感覺的受，心中的想，意志的行和判斷的識，亦復如是與空性不即不離。

[9]“舍利子，是諸法空相”：舍利子啊！前面説空有相依，現在要更進一步説：從超越了世間差别現象的眼光來看，是宇宙生命一切存在的諸法都是呈顯絶對的空相。

[10]“不生不滅，不垢不净，不增不減”：空性本身没有，有無的差别，是不生不滅的；空性在性質上没有染净之分，是不垢不净的；再者，空性在數量上没有多寡之别，是不增不減的。

[11]“是故空中無色”：是故，以超越的眼光來看絶對的空性，可以説，空性中其實并無物質界的色相。

[12]“無受想行識”：就五蘊而言，空性即無物質界的色相，也無精神界的受想行識。

[13]“無眼耳鼻舌身意”：空性中無感覺器官，所謂六根的眼、耳、鼻、舌、身、意。

[14]“無色聲香味觸法”，也無對象的世界，所謂六境的色、聲、香、味、觸、法。

[15]“無眼界乃至無意識界”：六根與六境合稱十二處，再加上各感覺器官與對象世界接觸産生的六識界，包括眼識、耳識、鼻識、舌識、身識、意識，統稱十八界，至此也可一并説成：無眼界乃至無意識界。

[16]“無無明，亦無無明盡”：就人類生存的緣起現象來説，有十二因緣：無明、行、識、名色、六入、觸、受、愛、取、有、生、老死。無盡的因緣流轉，唯有在絶對的空性中才得解脱。可以説，并無構成生命妄動的無明，亦無無明終盡的境界。

[17]“乃至無老死，亦無老死盡”：乃至於無老死之苦亦無老死終盡的境界。

[18]“無苦集滅道”：就連佛説的四聖諦：苦、集、滅、道，也不過是面對衆生，隨緣説法。在絶對的空性中，其實并無生、老、病、死；愛别離、怨增會、求不得、五陰熾盛等苦。没有貪愛的聚集，没有寂滅的境界，更無固定的道可修。

[19]“無智亦無得”：至此，無所謂絶對的智慧可言，亦無絶對的法可得。如此不執着於固定不變的真理，進一步把空有相依的道理也一并破除，歸向本體的空性，這才算是體悟了真實的智慧，真實的佛法。

[20]“以無所得故”:亦了解空性深意,知道在宇宙間物質界的精神都并無絶對所能得的緣故。

[21]“菩提薩埵，依般若波羅蜜多故”：菩薩—菩提薩埵，依般若波羅蜜多修行，在世間實踐布施，持戒、忍辱、精進、禪定等自度度人的行爲，也因此之故，得真實智慧。

[22]“心無挂礙”：體悟了空性，心中就無有任何的挂礙。

[23]“無挂礙故，無有恐怖”：也因爲心無挂礙，不執着的緣故，就無有可視爲恐怖的事物。

[24]“遠離顛倒夢想”：遠離了一切生命蒙昧妄動的顛倒夢想。

[25]“究竟涅槃”：當菩薩體驗到宇宙萬法平等、寂静，即是抵達了究竟涅槃之境。

[26]“三世諸佛，依般若波羅蜜多故”：三世諸佛，也都依了般若波羅蜜多修行的緣故。

[27]“得阿耨多羅三藐三菩提”：修證得圓滿正覺—阿耨多羅三藐三菩提。

[28]“故知般若波羅蜜多是大神咒”：般若波羅蜜多極爲深奥，非尋常思想語言所能企及。珍貴的經文，是一種象征，用以啓發世人明了抵達彼岸的方法。故而知道，般若波羅蜜多是妙力無窮的大神咒。

[29]“是大明咒是無上咒是無等等咒”：是使衆生大徹大悟的大明咒，是至高無上的無上咒，是超絶無比的無等等咒。

[30]“能除一切苦，真實不虚”：能解除衆生一切苦痛，是真實而絲毫也不虚假的。

[31]“故説般若波羅蜜多咒即説咒曰”：爲使世人專心致志，對無上真實智慧勿失勿忘，故而宣説般若波羅蜜多的持誦咒語，即説咒曰。

[32]“揭諦揭諦波羅揭諦”：揭諦——去吧！波羅揭諦——到彼岸去吧！

[33]“波羅僧揭諦菩提娑婆訶”：波羅僧揭諦——圓圓滿滿地往彼岸去吧！菩提娑婆訶—覺悟了，多快樂啊！

148. 觀自在菩薩　68厘米×45厘米

149. 行深般若波羅蜜多時　67厘米 × 45厘米

150. 照見五蘊皆空　66 厘米 × 44 厘米

151.度一切苦厄　68厘米×45厘米

152. 舍利子　65 厘米 × 45 厘米

153.色不異空，空不異色　67厘米×45厘米

154. 色即是空，空即是色　66 厘米 × 45 厘米

155. 受想行識，亦復如是　67厘米 × 44厘米

156. 舍利子，是諸法空相 66 厘米 × 44 厘米

157.不生不滅，不垢不净，不增不減　66厘米×45厘米

158. 是故空中無色　66厘米×45厘米

159. 無受想行識　72厘米 × 46厘米

160. 無眼耳鼻舌身意　70厘米×46厘米

161. 無色聲香味觸法　70厘米×45厘米

162. 無眼界，乃至無意識界　71厘米 × 45厘米

163. 無無明，亦無無明盡　70厘米×46厘米

164. 乃至無老死，亦無老死盡　70 厘米 × 46 厘米

165. 無苦集滅道　71 厘米 × 46 厘米

166. 無智亦無得　71 厘米 × 46 厘米

167. 以無所得故　70厘米×45厘米

168 菩提薩埵，依般若波羅蜜多故　70厘米×46厘米

169. 心無挂礙　71厘米×46厘米

170. 無挂礙故，無有恐怖　71厘米×45厘米

171. 遠離顛倒夢想 72厘米 × 46厘米

172. 究竟涅槃　71 厘米 × 46 厘米

173. 三世諸佛，依般若波羅蜜多故　70厘米 × 45厘米

174. 得阿耨多羅三藐三菩提　71厘米×46厘米

175. 故知般若波羅蜜多，是大神咒　72厘米×46厘米

176.是大明咒，是無上咒，是無等等咒　62厘米×45厘米

177.能除一切苦，真實不虛　72厘米×46厘米

178.故說般若波羅蜜多咒，即說咒曰　70厘米×46厘米

179. 揭諦揭諦波羅揭諦　67厘米 × 45厘米

180. 波羅僧揭諦，菩提娑婆訶　72厘米 × 45厘米

六十、一葉觀音

三十三觀音之一。因爲觀音菩薩坐於一葉蓮花之上，而得此名。佛經講蓮瓣爲葉，千葉蓮即千瓣蓮，一葉蓮即一瓣蓮，故又名“一瓣蓮觀音”。一葉觀音聖相特征是：菩薩乘一瓣蓮花，取立姿浮於水上，作漂游狀，神情自若，莊嚴慈祥；坐姿作遊戲坐，或雙脚合攏作善跏趺坐，又稱倚坐；手持蓮花或者如意。歷代文人畫家均喜作一葉觀音圖，意在表現觀音菩薩爲普濟衆生，不顧辛苦，在風浪中乘“一瓣蓮花遨九州”的主題思想。少林寺方丈院内有一幅元代大德八年的石刻綫畫“一葉觀音”。圖中一葉觀音位於圓月之中，頭戴花冠，倚卧在一葉蓮花瓣上，花瓣如小舟，輕飄於湖上，柳瓶琥珀碗，隨後浮行，上有彩雲弄巧，彎月如眉，觀世音菩薩舉目仰望，意態安祥。圖下刻有少林月嵒法師首讚：“幻人呈幻事，依幻非真相，真滅幻亦滅，了無相可得。”頗有禪宗解悟人生哲理之意。《法華經·普門品》中記載：“若遭逢大水之灾，只需唤其名號，即可疏散至淺顯之處。”據此，一葉觀音成了普門品中的“救水難之身”。

181. 一葉觀音　170厘米 × 77厘米

六十一、樂舞飛天菩薩

在佛教龐大的組織係統中，“樂舞飛天”屬佛教護法神“天龍八部”中的“乾闥婆”和“緊那羅”兩部。乾闥婆是梵名，意譯爲香音神、樂舞神和執天樂等。傳説其不食酒肉，惟以香氣爲食，故而名之。乾闥婆原爲印度婆羅門教所崇奉的神祇，相關的神話很多，或有説爲身上多毛，或有説其爲半人半獸，也有説其樣貌極美。在印度神話中爲天上樂師。而在佛經中則爲八部護法衆之一，是帝釋天屬下職司雅樂之神。又諸經中或以之爲東方持國天的眷屬，是守護東方的神，具有衆多眷屬。

據《維摩經玄疏》卷五所説，此神常住地上之寶山中，有時昇忉利天奏樂，善彈琴，作種種雅樂，悉皆能妙。又據《大智度論》卷十所載，乾闥婆王至佛所彈琴讚佛，三千世界皆爲震動，乃至摩訶迦葉不安其座。還有在《法華經》卷七《觀世音菩薩普門品》中以此乾闥婆神爲觀世音示現的三十三身之一。關於其住處，在《長阿含經》卷十八《世紀經·閻浮提洲品》中記載：“佛告比丘，雪山右面有城，名毗舍離，其城北有七黑山，七黑山北有香山，其山常有歌唱伎樂、音樂之聲。山有二窟：一名爲晝，二名善晝，山七寶成，柔濡香潔，猶如天衣，妙音乾闥婆王從五百乾闥婆，在其中止。”佛教諸多經典中都有提到有關乾闥婆的叙述。

在佛教中的香神和樂神不只有乾闥婆，八部衆中，緊那羅王本來并不是戰神，也是一個歌神和樂神。緊那羅過去譯作“人非人”或“疑神”，新譯爲“歌神”。爲佛教護法神“天龍八部”之一。據《法華文句》卷二説其“似人而有一角，故曰‘人非人’，天帝法樂神，居十寶山。”緊那羅又稱“音樂天”，能作歌舞，男則馬首人身能歌，女則端正能舞，次此天女，多與乾闥婆天爲妻室。

可見緊那羅還有男女之分，男性其貌不揚，長着個馬頭；女性則相貌端莊，有一副絶妙的好嗓子。據《大智度論》説，有五百仙人騰雲駕霧，在空中飛行，好不逍遥得意。忽然傳來了緊那羅女的動人歌聲，大仙們頓時如醉如痴，忘乎所以，道術一下失靈，紛紛從空中栽入塵埃。

在印度神話中“飛天”是雲和水之神，肩下生有雙翼，以湖泊沼澤爲家，常遨游於菩提樹下。印度“飛天”隨着佛教傳入中國後，便沿着絲綢之路飛進新疆庫木吐拉石窟、克孜爾石窟、甘肅炳靈寺石窟、敦煌莫高窟等，使飛天形象越來越中國化。早期的飛天外形與菩薩相似，體型較短，身上佩戴的瓔珞較少，袒露着上身，大多排列成條狀，也有以單個的形式出現。外形有男有女，有的手持樂器演奏，有的手捧花鉢散花，顯得粗獷奔放。經過北魏時期、北周時期，到了唐代飛天樂舞形象發展到了高峰，不僅數量多，而且藝術神韵也最高，真正成爲東方樂舞飛天美神。

飛天樂舞菩薩是隨着佛教經典的廣泛傳入而變得豐富多彩。歌舞樂伎，梵唄讚歌，爲佛供果、獻寶、散花的歌舞伎，在優雅的歌舞梵唄中翩翩起舞，婀娜多姿，天衣飛揚，滿壁風動，使人彷佛到了天界佛國。

182. 敦煌樂舞菩薩之一　123厘米×64厘米

183. 敦煌樂舞菩薩之二 123厘米×64厘米

184. 敦煌樂舞菩薩之三　126厘米 × 64厘米

185. 敦煌樂舞菩薩之四　132 厘米 × 90 厘米

186. 敦煌飛天　125 厘米 × 92 厘米

187. 敦煌雙飛天之一　93 厘米 × 60 厘米

188. 敦煌雙飛天之二　85 厘米 × 65 厘米

189. 大足飛天　131厘米×90厘米

圖版目録

1. 華嚴三聖 ……12
2. 華嚴三聖之一　釋迦牟尼佛 ……13
3. 華嚴三聖之二　文殊師利菩薩 ……14
4. 華嚴三聖之三　普賢菩薩 ……15
5. 釋迦三尊圖 ……17
6. 釋迦牟尼佛之一 ……19
7. 釋迦牟尼佛之二 ……20
8. 釋迦牟尼佛之三 ……21
9. 大足釋迦牟尼佛之四 ……22
10. 釋迦牟尼佛之五 ……23
11. 釋迦牟尼佛之六 ……24
12. 靈山法會圖……27
13. 釋迦牟尼佛會……29
14. 文殊菩薩之一……31
15. 文殊菩薩之二……32
16. 文殊菩薩之三……33
17. 文殊菩薩之四……34
18. 普賢菩薩之一……36
19. 普賢菩薩之二……37
20. 普賢菩薩之三……38
21. 普賢菩薩之四……39
22. 普賢菩薩之五……40
23. 普賢菩薩之六……41
24. 西方三聖之一……42
25. 西方三聖之二……44
26. 西方三聖之一　阿彌陀佛……45
27. 西方三聖之二　觀世音菩薩……46
28. 西方三聖之三　大勢至菩薩……47
29. 西方三聖之一　阿彌陀佛……48
30. 西方三聖之二　觀世音菩薩 ……49
31. 西方三聖之三　大勢至菩薩 ……50
32. 阿彌陀佛之一……52
33. 阿彌陀佛之二……53
34. 阿彌陀佛之三……54
35. 阿彌陀佛之四……55
36. 西方接引圖……56
37. 大勢至菩薩之一……58
38. 大勢至菩薩之二 ……59
39. 藥師三聖之一　藥師佛……61
40. 藥師三聖之二　日光菩薩……62
41. 藥師三聖之三　月光菩薩……63
42. 藥師佛之一……65
43. 藥師佛之二……66
44. 藥師佛之三……67
45. 藥師佛之四……68
46. 日光菩薩……71
47. 月光菩薩……73

圖版目録

48．藥師琉璃光如來佛會……75
49．三世佛……77
50．三世佛之一　釋迦牟尼佛……78
51．三世佛之二　藥師佛……79
52．三世佛之三　阿彌陀佛……80
53．毗盧遮那佛……82
54．大日如來之一……84
55．大日如來之二……85
56．盧舍那佛之一……87
57．盧舍那佛之二……88
58．阿閦如來……90
59．寶生如來……92
60．大足石刻彌勒佛……94
61．仿寶寧寺佛像……96
62．仿寶寧寺菩薩之一……98
63．仿寶寧寺菩薩之二……99
64．大足石刻圓覺菩薩之一……101
65．大足石刻圓覺菩薩之二……102
66．南無賢善首菩薩……103
67．八大菩薩之一……105
68．八大菩薩之二……106
69．法海寺壁畫二十諸天之一……108
70．法海寺壁畫二十諸天之二……112
71．虛空藏菩薩……115
72．伽藍菩薩之一……117
73．伽藍菩薩之二……118
74．韋馱菩薩之一……120
75．韋馱菩薩之二……121
76．韋馱菩薩之三……122
77．韋馱菩薩之四……123
78．地藏三尊之一……125
79．地藏三尊之二……126
80．地藏菩薩之一……128
81．地藏菩薩之二……129
82．地藏菩薩之三……130
83．地藏菩薩之四……131
84．哼將鄭倫……133
85．哈將陳奇……134
86．觀世音菩薩之一……136
87．觀世音菩薩之二……137
88．觀世音菩薩之三……138
89．仿唐吴道子碑刻觀音……139
90．仿閻立本普陀山碑刻 楊枝觀音……140
91．仿元代敦煌觀音……141
92．仿清華嵒繪多臂觀音……142
93．南無觀世音菩薩……143
94．大足石刻如意觀音……144

圖版目録

95．荷花觀音…… 145
96．敦煌觀音系列之一　初唐觀世音菩薩…… 147
97．敦煌觀音系列之二　初唐供養菩薩…… 148
98．敦煌觀音系列之三　唐大士像…… 149
99．敦煌觀音系列之四　唐代觀世音菩薩…… 150
100．敦煌觀音系列之一　初唐觀音菩薩…… 152
101．敦煌觀音系列之二　唐代觀音菩薩…… 153
102．敦煌觀音系列之三　盛唐觀世音像…… 154
103．敦煌觀音系列之四　盛唐觀世音菩薩…… 155
104．敦煌　元代白衣雙觀音…… 156
105．聖觀音…… 158
106．寶寧寺明代水陸畫觀音…… 159
107．觀世音菩薩…… 160
108．雲中觀音…… 161
109．觀音半身像…… 163
110．彌陀净土觀音…… 164
111．如意輪觀音之一…… 166
112．如意輪觀音之二…… 167
113．准提觀音之一…… 169
114．准提觀音之二…… 170
115．數珠觀音…… 172
116．大足數珠觀音之一…… 173
117．大足石刻數珠觀音之二…… 174
118．北京明代法海寺壁畫水月觀音…… 176
119．大足水月觀音…… 177
120．白衣大士…… 179
121．白衣觀音之一…… 180
122．白衣觀音之二…… 181
123．白衣觀音之三…… 182
124．十一面觀音之一…… 184
125．十一面觀音之二…… 185
126．四臂觀音…… 187
127．坐蓮觀音之一…… 189
128．坐蓮觀音之二…… 190
129．楊枝净瓶觀音…… 192
130．灑水觀音…… 194
131．持蓮觀音…… 196
132．不空羂索觀音之一…… 198
133．不空羂索觀音之二…… 199
134．魚籃觀音…… 201
135．净瓶觀音…… 203
136．大足净瓶觀音…… 204
137．渡海觀音…… 206
138．慈容五十三現之二現…… 208
139．獅吼觀音…… 209
140．阿耨觀音…… 211
141．鰲魚觀音之一…… 213

圖版目録

142．鰲魚觀音之二 …… 214
143．千手千眼觀音之一 …… 216
144．千手千眼觀音之二 …… 217
145．千手千眼觀音之三 …… 218
146．千手千眼觀音之四 …… 219
147．千手千眼觀音之五 …… 220
148．觀自在菩薩 …… 223
149．行深般若波羅蜜多時 …… 224
150．照見五蘊皆空 …… 225
151．度一切苦厄 …… 226
152．舍利子 …… 227
153．色不異空，空不異色 …… 228
154．色即是空，空即是色 …… 229
155．受想行識，亦復如是 …… 230
156．舍利子，是諸法空相 …… 231
157．不生不滅，不垢不净，不增不減 …… 232
158．是故空中無色 …… 233
159．無受想行識 …… 234
160．無眼耳鼻舌身意 …… 235
161．無色聲香味觸法 …… 236
162．無眼界，乃至無意識界 …… 237
163．無無明，亦無無明盡 …… 238
164．乃至無老死，亦無老死盡 …… 239
165．無苦集滅道 …… 240
166．無智亦無得 …… 241
167．以無所得故 …… 242
168．菩提薩埵，依般若波羅蜜多故 …… 243
169．心無挂礙 …… 244
170．無挂礙故，無有恐怖 …… 245
171．遠離顛倒夢想 …… 246
172．究竟涅槃 …… 247
173．三世諸佛，依般若波羅蜜多故 …… 248
174．得阿耨多羅三藐三菩提 …… 249
175．故知般若波羅蜜多，是大神咒 …… 250
176．是大明咒，是無上咒，是無等等咒 …… 251
177．能除一切苦，真實不虚 …… 252
178．故説般若波羅蜜多咒，即説咒曰 …… 253
179．揭諦揭諦波羅揭諦 …… 254
180．波羅僧揭諦，菩提娑婆訶 …… 255
181．一葉觀音 …… 257
182．敦煌樂舞菩薩之一 …… 259
183．敦煌樂舞菩薩之二 …… 260
184．敦煌樂舞菩薩之三 …… 261
185．敦煌樂舞菩薩之四 …… 262
186．敦煌飛天 …… 263
187．敦煌雙飛天之一 …… 264
188．敦煌雙飛天之二 …… 264
189．大足飛天 …… 265